일터 괴롭힘, 부서진 자리

일터 괴롭힘, 부서진 자리

그들은 왜 퇴근하지 못했나

유상철 지음

차례

3부 상처 입은 자리: 성희롱, 차별, 혐오의 흔적

마치며 막을 수 있었다 _265

일하다 마음을 다친 이들에 대한 생생한 조력의 기록

정여진(정신건강의학과 · 예방의학과 전문의)

이 책을 읽으며 떠오른 기억이 하나 있다. 1999년 한 청년 산재 노동자의 자살 사건이다. 당시 나는 의대 본과 1학년이었고, 근로복지공단 앞에서 뜨거운 여름부터 차디찬 계절풍이 불어올 때까지 친구들과 농성 천막을 지켰다. 그 청년의 아버지도 그곳에 있었다. 그해 겨울 나는 첫 우울삽화에 빠졌고, 머릿속에서 죄책감과 무가치감을 동반한 온갖 부정적 생각이 쉴 새 없이 달려가는 모습을 무력하게 지켜봐야 했다. 그때 아주 조금이나마 그 청년이 겪었을 정신적 고통을 짐작할 수 있었다.

또 다른 기억도 있다. 10년 전쯤, 어느 직업환경의학과 교수님으로부터 한 여성 감정노동자의 의무기록 자문 요청을 받았다. 그는 난폭한 남성 고객의 위협 이후 공황발작에 시달리게 되었고, 출근 자체가 공포였다고 했다. 그러나 의무기록에는 어린 시절 이야기와 남편과의 관계만 잔뜩 적혀 있었다. 담당 교수와 당시 주치의였던 전공의의 관심은 '일과 무관한 인간관계'에만 집중돼 있었다.

나는 진료실에서 일터에서 마음을 다친 환자를 드물지 않게 만난다. 업무상질병판정위원회에서도 환자나 유족이 제출한 기록을 검토한다. 원인은 다양하다. 이 책에서 다룬 것처럼 직장 내 괴롭힘, 성희롱, 업무량과 업무 성격의 변화, 장시간 노동이나 열악한 노동환경 등이다. 하지만 정신건강의학과 전문의로서 내가 진료실이나 업무상질병판정위원회에서 할 수 있는 일은 사실상 매우 제한적이다. 위원회의 판정은 본질적으로 사후 조치일 수밖에 없고, 진료실에서도 상담이나 약물의 한계로 인해 무력감을 느낄 때가 많다. 특히 직장 내 괴롭힘 피해자가 원래 직장으로 복귀해 끝까지 잘 적응한 사례를 나는 단 한 번밖에 보지 못했다. 그마저도 나의 역할보다 노동조합의 지원 덕이 컸다.

이 책은 한 노무사가 일터에서 다친 마음들을 사회적으로 인정받게 하려고 분투한 기록이다. 그는 제도와 규범(사실상 '고정관념')이라는 벽 앞에서 좌절하기도 하고, 애쓴 끝에 보람을 느끼는 순간들을 만나기도 하며, 제도 개혁과 전문가 인식 개선을 구체적으로 요구하기도 한다. 사례 속 노동자들이 어떻게 일터에서 마음의 병을 얻게 되었는지 차근히 그리려 한 점도 분명 의도된 노력이다. 때로 대리외상과 울분에 시달리면서도 재해 당사자와 유족을 위해 진심을 다한 저자에게 경의를 표한다.

이 책을 읽으며 우리의 삶에서 일이 차지하는 비중이 얼마나 큰지 새삼 생각하게 된다. 잠자는 시간을 제외하고 업무 준비와 출퇴근 시간을 합치면 깨어 있는 시간의 절반 이상을 일하는 데 쓴다. 세계에서 노동시간이 길기로 손꼽히는 한국에서는 더욱 그렇다. 그런데도 우리는 정신건강 문제의 원인을 비업무 영역에서 찾으려 하고, 일상적 스트레스의 원인을 논할 때 일은 종종 배제된다.

한편, 책에는 값진 승리의 기록도 담겨 있다. 이러한 승리가 유족과 재해 당사자에게 위로가 되었길 바란다. 그러나 산재 인정을 받았더라도 저자를 포함한 누구도 재해 자체가 애초에 일어나지 않았어야 한다는 점에는 이견이 없을 것이다. 다시는 이런 일이 누구에게도 일어나지 않기를 바라는 마음도 같을 것이다.

그렇다면 발상의 전환이 필요하다. 정신질환을 얻기 전에 막는 것이 최선이다. 개인의 회복탄력성을 기르거나 일부가 비폭력 대화를 배운다고 해결될 문제가 아니다. 신발이 발에 맞지 않을 때 발을 바꾸는 것이 답이 아닌 것처럼, 문제의 원인은 구조에 있다. 주류 정신과 의사나 상담사는 직업적·사회적 요인을 고정된 상수로 간주하는 경향이 있다. 그들에게 바꿀 수 있는 것은 개인뿐이며, 취약성의 원인은 대부분 어린 시절 부모와의 관계다. 사회적 개입의 필요성을 말하더라도 상담·약물·치료 프로그램에 공적 자금을 투입하는 수준에서 그친다. 그러나 자살과 정신질환 발생 또는 악화에 영향을 미치는 사회적 요인은 결코 고정불변이 아니다. 그렇게 보는 관점은 사회와 법, 제도, 구조를 바꾸려 애써온 무수한 노력을 폄하하는 일이다.

자살과 정신질환은 결국 함께 해결 방안을 찾아가야 하는 문제다. 이 과제를 함께 풀어가려는 모든 이에게 이 책이 큰 도움이 될 것이라 믿는다.

막을 수 있었던
어느 순간과 만나다

김형렬(가톨릭대학교 서울성모병원 직업환경의학과 교수)

이 책을 끝까지 읽을 수 있을지 처음엔 걱정했다. 원래 눈물이 많은 편이라 각오는 했지만, 생각보다 훨씬 깊이 몰입해 객관적으로 읽기 어려웠다. 내 이야기이자 내가 만나는 사람들의 이야기였기 때문이다. 사건의 결말을 이미 알고 있었는데도 끝에 이를 때까지 달라지길 바랐다. 그리고 저자가 이 이야기를 꺼내는 이유에도 공감하게 됐다. "단서들이 남긴 구조 신호를 따라가면 자살을 막을 수 있었던 어느 순간과 마주치게 된다. 이런 안타까움까지 포함해 노동자 정신건강 보호의 중요성을 강조하고 싶었다."

우울증은 유전적 소인의 영향이 강하다고 알려져 있다. 나에게도 그런 소인이 있다. 나는 그것이 드러나지 않도록 땅을 파 깊숙이 묻어 두었다. 흙이 씻겨 드러날까 봐 매일 아침 흙을 덮고 발로 다진다. 그것이 일상이 됐다. 비가 내려 흙이 씻기면 다시 덮고 다진다. 하지만 비가 오래 이어지면 그럴 힘도 없어 결국 땅 위로 드러난다. 태풍이라도 몰아치면 유전적 소인은 금세 땅 위에서 나뒹굴게 된다.

우울증은 어디에서 오는 걸까. 누군가는 '유전적 소인'을 관리하지 못한 나를 탓할 것이다. 누군가는 끊임없이 내리던 비와 태풍 같은 삶의 외부 요인을 지목할 것이다. 어떤 사람은 옆에서 우산을 들어줄 이가 없었던 점을, 또 다른 사람은 흙이 씻겨 내려가지 않도록 막지 못한 제도의 허술함을 얘기할 것이다.

원인은 여러 갈래다. 그럼에도 더 중요한 질문은 우리가 무엇을 할 수 있었는가, 그 순간 막을 길은 없었는가 하는 점이다. 이 책에서 반복적으로 등장하는 그 결정적 순간들이 오래 마음에 남는다. 우리가 놓친 것들, 그리고 앞으로 놓치지 않아야 할 것들을 함께 생각해 보자고 이 책은 조용하지만 단단한 목소리로 말을 건넨다. 꼼꼼한 기록 위에 선 통찰과, 잊히던 중요한 순간들을 다시 불러오는 힘이 돋보이는 책이다.

구조 신호에 응답하는
뜨거운 인권 보고서

손진우(한국노동안전보건연구소 소장)

닳고 짓이겨진 마음을 부여잡고 살아가던 이들, 하루아침에 툭 끊긴 실처럼 단절된 삶. 그들의 죽음은 흔히 '개인의 선택', '회사와 무관한 일'이라는 말로 지워지며 흐릿하게 남았다. 그러나 이 책은 그렇게 '무관한 일'로 밀려난 흔적을 촘촘히 다시 이어 붙이며, 감춰지고 덮여온 현실을 독자가 정면으로 마주하게 한다. 이 지난하고 용기 있는 기록 앞에서 독자는 울컥하는 마음을 숨기기 어려울 것이다.

차갑고 냉혹한 현실 속에서 저자는 망자의 잊힌 흔적을 다시 일터와 끈질기게 연결하는 고된 과정을 묵묵히 이어왔다. 이 고독하고 치열한 싸움을 담아낸 책의 첫 장부터 마지막 장까지, 촘촘히 눌러 담긴 기록과 통찰을 따라가다 보면 어느 순간 가슴이 먹먹해진다.

스스로 생을 마감한 이들은 생전에 하나같이 애절한 구조 신호를 보냈다. 그러나 그 절박한 신호는 동료에게도, 회사에도, 때로는 가족에게도 온전히 닿지 못했다. 아이러니하게도, 그 신호를 뒤늦게 알아차리고 응답한 이는 생전에 고인을 알지 못했던 저자였다.

이 책은 산재 인정 절차를 다룬 실무서가 아니다. 단절된 삶의 흔적을 다시 잇고, 잊힌 목소리를 되살리려는 뜨거운 인권 보고서다. 그 기록 속에서 우리는 노동과 인간의 존엄, 그리고 우리 사회가 결코 외면해서는 안 될 구조 신호들을 다시 마주하게 될 것이다.

자살이 아니라
업무상 재해다

떠돌이 령靈들에만 화려한 실체를 드러내는, 오래된 호텔을 소재로 한 드라마가 있다. "'노무법인 필'은 그 호텔 같다"는 말을 들었다. 상처받은 영혼들이 호텔에 모여들듯 마음의 병을 얻은 노동자의 자살, 정신질병 사건이 연이어 우리 사무실 문을 두드리고 있어서다.

최근 노동자 자살, 정신질병에 관한 업무상 재해 사건이 가파르게 늘고 있다. 이 사건들 대부분은 직장 내 괴롭힘, 직장 내 성희롱, 과로 등 업무상 스트레스와 관련이 있다. 과거 노동자 자살, 정신질병은 사회적으로 큰 파장을 불러일으킨 재벌 갑질, 고객 갑질처럼 극히 예외적인 사건에만 업무 관련성이 인정됐다. 일터 안에서 벌어지는 괴롭힘은 오래전부터 존재했는데도 대수롭지 않게 취급됐다. 하지만 결계에 갇힌 듯 드러나지 않았을 뿐, 이는 이미 노동자의 정신건강을 악화시키는 주된 요인이었다.

뒤늦게나마 2018년 10월 산업안전보건법에 '고객의 폭언 등으로 인한 건강장해 예방조치(감정노동자 보호법)', 2019년 7월 근로기준법에 '직장 내 괴롭힘의 금지(직장 내 괴롭힘 금지법)'가 이루어지면서 사회적 인식이 확대됐다고 볼 수 있다. 노동관계법을 통해 노동자 정신건강에 대한 제도적 보호의 필요성이 강조된 이후 본격적으로 심각한 사회적 문제로 대두된 것이다. 최근의 노동자 자살, 정신질병이 업종·직종·지역·규모·성별·국적·고용 형태를 가리지 않고 증가한다는 점에서 심각성이 더 크다.

과거 산업재해보상보험법은 원칙적으로 '자살(자해행위)은 개인의 의지에 따른 것으로 업무상 재해가 아니다'라는 입장이었다. 자살의 원인을 '개인의 취약성 또는 개인적 소인'으로 몰아가는 경향도 두드러졌다. 노동자 자살에 대한 사회적 인식의 전환점이 된 사건은 1999년 '산재 노동자 고故 이상관 투쟁'이다. 이상관은 1999년 2월 대우국민차 창원공장에서 일하다 허리를 다쳤고, 27세였던 그해 6월 업무상 재해로 요양하던 중 자살했다. 근로복지공단은 몸조차 제대로 가누지 못하는 그에게 요양 종결을 압박했고, 병원은 그를 강제 퇴원 조치했다. 그는 "예전의 모습으로 돌아가기는 어려울 것 같은 느낌이 듭니다. 몸이 아프다는 게 이렇게 고통스럽고 괴로운 것인 줄 비로소 알 것 같습니다"라는 유서를 남겼다.

　노동단체와 현장 노동자 등 수많은 사람이 연대해 '산재노동자 이상관 자살 책임자 처벌과 근로복지공단 개혁을 위한 공동대책위원회'를 구성했다. 당시 산업재해보상보험법 제4조는 "업무상의 재해의 인정기준에 관하여는 노동부령으로 정한다", 시행규칙 제32조는 "근로자의 고의 · 자해행위나 범죄행위 또는 그것이 원인이 되어 발생한 사상이 아닐 것"이라고 규정하고 있어, 이상관의 요양 중 자살은 업무상 재해로 인정받을 수 없었다. 그러나 155일 동안 이어진 투쟁이 계기가 되어 산업재해보상보험법에 '자해행위'에 관한 기준을 마련할 수 있었다. 2000년 7월 이 법 시행규칙에 "업무상 스트레스로 인하여 정신과 치료를 받은 자, 업무상 재해로 인하여 요양 중인 자에 해당하는 사람이 정신장해로 인하여 정상적인 인식능력이나 행위 선택 능력 또는 정신적 억제력이 현저히 저하된 상태에서 자해행위로 인하여 사상하였다면 의학적 소견이 있는 경우에는 업무상 재해로 본다"라는 기준이 생겼다.

　하지만 그 후에도 노동자 정신건강의 문제는 지극히 특수한 상황에 예외적으로 적용되는 것이라는 인식이 지배적이었다. 2003년 KT가 구조조정 과정에서 명예퇴직을 거부한 노동자들을 '상품판매팀'으로 발령한 후 감시와 사찰, 업무 차별을 가해 노동자들에게 우울증, 불면증 등 정신질병이 발생한 사건이 있었다. 그리고 2003년 서울 도시철도 기관사 2명이 연이어 자살했다. 공황장애, 외상후스트레스장애 등 도시철도 기관사의 정신질병 문제가 쟁점이 되었다.

2007년에 이르러 '도시철도 기관사 정신보건 임시건강진단(가톨릭대학교 성모병원)'이 시행됐다. 2004년 청구성심병원 노동조합은 집단으로 노동자 정신질병 요양신청 투쟁을 했다. 노동조합 설립 후 임금체불, 노동조합 간부에 대한 풍물 투척, 식칼 테러, 감시와 따돌림, 전환 배치 등 극심한 노동 탄압이 주된 요인이었다. 2005년 하이텍알씨디코리아 노동자들 역시 집단으로 정신질병 요양신청 투쟁을 했다. 노동조합원에 대한 CCTV 감시, 대화 녹취, 부당한 전환 배치, 임금 차별 등 장기간에 걸친 노동 탄압으로 적응장애 등 정신질병이 생겼기 때문이다. 현재 노동관계법 기준에 따르면 모두 '직장 내 괴롭힘'으로 볼 수 있다.

2009년 쌍용자동차 정리해고 후 연이은 조합원들의 자살 사건이 발생했다. 그러나 근로복지공단은 산재 '불인정'으로 일관했고 행정소송까지 끌고 갔다. 2010년 이후 사회적으로 '노동 존중', '노동 인권'의 중요성이 강조되었지만, 일터 노동자의 현실과는 여전히 괴리가 컸다. 근로복지공단은 가급적 업무상 재해로 인정하지 않도록, 인정률을 낮추도록 하려는 것 같았다. 2014년 입주민 괴롭힘에 의한 압구정 현대아파트 경비노동자 분신 시도, 대한항공 '땅콩회항' 사건, 2017년 LG유플러스 고객센터 현장실습생 자살 사건 등이 사회적 이슈가 되며 점차 노동자 자살의 업무 관련성이 인정되는 듯했지만, 재발 방지와 정신건강 보호의 필요성을 매번 강조해도 법제도 정비는 신속하게 이루어지지 않았다.

2018년에는 '태움'으로 회자한 아산병원 간호사 자살 사건이 발생했다. 그해 10월에 이르러 감정노동자 보호에 관한 산업안전보건법이 개정되었고, 2019년 7월 근로기준법에 직장 내 괴롭힘 금지에 관한 조항이 시행되었다. 노동자 자살, 정신질병은 업무수행 과정에서 누구에게나 일어날 수 있는 업무상 질병이라는 인식의 폭이 확대되었다. 비단 자살, 정신질병 사건에 국한된 것은 아니지만 2018년부터 '사업주 날인' 제도가 사라진 것도 영향이 있었을 것 같다(이전까지는 노동자가 산재보험 등 보험급여를 신청할 때 사업주의 날인이 필요했고, 이에 따라 사업주가 노동자의 산재 신청을 일차적으로 차단할 수 있었다). 2021년에는 산업안전보건법 시행규칙을 통해 직무스트레스 예방 및 관리에 관한 사항, 직장 내 괴롭힘, 고객의 폭언 등으로 인한 건강장해 예방 및 관리에 관한 사항을 안전보건교육 내용으로 규정했다.

현재 산업재해보상보험법 제37조 제1항 2호 '업무상 질병'에서는 "다. '근로기준법' 제76조의2에 따른 직장 내 괴롭힘, 고객의 폭언 등으로 인한 업무상 정신적 스트레스가 원인이 되어 발생한 질병"을 명시하고 있다. 같은 조 제2항은 "근로자의 고의·자해행위나 범죄행위 또는 그것이 원인이 되어 발생한 부상·질병·장해 또는 사망은 업무상의 재해로 보지 아니한다. 다만,

그 부상·질병·장해 또는 사망이 정상적인 인식능력 등이 뚜렷하게 낮아진 상태에서 한 행위로 발생한 경우로서 대통령령으로 정하는 사유가 있으면 업무상 재해로 본다"라고 명시하고 있다. 산업재해보상보험법 시행령 제36조는 "1. 업무상의 사유로 발생한 정신질병으로 치료를 받았거나 받고 있는 사람이 정신적 이상 상태에서 자해행위를 한 경우, 2. 업무상의 재해로 요양 중인 사람이 그 업무상의 재해로 인한 정신적 이상 상태에서 자해행위를 한 경우, 3. 그밖에 업무상의 사유로 인한 정신적 이상 상태에서 자해행위를 하였다는 상당인과관계가 인정되는 경우" 업무상 재해로 인정한다.

무엇보다 2020년 7월 '의학적으로 인정되는 경우'를 '상당인과관계가 인정되는 경우'로 개정하면서 노동자 자살, 정신질병에 대한 업무 관련성 인정 범위가 대폭 확대되었다. 산업재해보상보험법 시행령 [별표3] 업무상 질병에 대한 구체적인 인정기준에 따르면 "4. 신경정신계 질병 – 바. 업무와 관련하여 정신적 충격을 유발할 수 있는 사건에 의해 발생한 외상후스트레스장애, 사. 업무와 관련하여 고객 등으로부터 폭력 또는 폭언 등 정신적 충격을 유발할 수 있는 사건 또는 이와 직접 관련된 스트레스로 인하여 발생한 적응장애 또는 우울병 에피소드"를 예시로 규정하고 있다. 이 밖의 노동관계법 변천 과정과 구체적인 의미는 본문의 각 사례를 통해 설명할 예정이다.

이 책은 지난 20년간 노무법인 필에서 직접 진행했던 노동자 자살, 정신질병 사건의 주요 쟁점을 바탕으로 내용을 각색해 설명을 덧붙인 것이다. 주되게는 노동자의 신체적·정신적 이상 상태 발현 및 악화를 시간 흐름에 따라 추적하고 재구성하며, 노동자의 관점에서 업무 관련성 입증 방법을 설명했다. 아울러 사건 유형별 업무상 스트레스 요인을 확인하고, 노동자 자살, 정신질병의 주요 원인이 되는 업무상 스트레스 요인 객관화 과정을 서술했다. 일터 괴롭힘 사건 대부분은 피해 노동자의 영혼을 잠식하고 일상에 깊숙이 파고들어 삶을 붕괴시킨다. 치유조차 힘겨운 고통의 나락으로 떨어지지 않기 위해 일터에서 지지와 연대를 통한 극복의 중요성을 이야기했다.

　1부는 자살 사건을 중심으로 서술했다. 노동자는 원칙적으로 사용자(또는 상급자)의 위법·부당한 업무 지시를 거부할 수 있고 또 그래야 한다. 그러나 위법·부당한 업무 지시라는 이유로 노동자가 이를 직접 거부하기란 현실적으로 쉽지 않다. 일터 괴롭힘에 의한 노동자 자살 사건의 경우 사용자의 부당한 업무 지시, 인사 발령 등 권한 남용에서 비롯된 사건이 비교적 많다. 노동자는 마지막 순간까지 살고자 안간힘을 쓰는데 사용자는 마구잡이로 권한을 남용하거나 대수롭지 않게 여기고 아무런 조처를 하지 않는다. 어느 순간 노동자는 업무 무능력자로 낙인찍혀 버린다. 자책하고 불안에 떨며 정신적·심리적 소진을 경험하며 조직 내에서 고립되어 간다. 일찌감치 일터 괴롭힘이라는 것을 명확하게 인식하고 해결책을 찾았다면 결과는 달라졌을지 모른다.

　2부에선 자살과 정신질병 사건을 서술했다. 노동자도 사람인지라 일하다 실수할 수 있다. 그렇다면 업무상 실수에 대해 어디까지 책임을 져야 하는가? 회사라는 조직 체계에서 노동자 개인에게만 책임을 전가하는 것이 타당한가? 감당할 수 없을 정도의 과도한 책임을 묻는다고 해서 문제가 해결되지 않는다. 조직적으로 업무상 실수의 원인을 찾고 해결 방안을 모색하는 것이 먼저다. 그러나 여기서 다룬 사례들의 사용자(또는 상급자)는 책임을 모면하기에 급급해 이를 회피하고 노동자에게 책임을 전가한다. 자숙하고 반성하기는커녕 노동자를 탓하기 일쑤다. 이런 과정이 지속·반복되면 노동자의 신체와 정신에 미치는 스트레스가 심각해지고, 어느 순간 일상이 파괴된다. 업무상 실수를 회사의 문제로 인식하고, 그 원인을 찾아 조직적으로 해결책을 마련하는 것이 무엇보다 중요하다.

　3부에도 자살과 정신질병 사건이 함께 등장한다. 성희롱, 차별, 혐오는 사회적으로 그리고 법률적으로 금지된 행위다. 그러나 노동자라는 이유로 모멸감, 수치심을 감내하도록 강요받고 결국 자존감이 훼손되는 상황에 노출된다. 더 큰 문제는 일터에 가해자뿐만 아니라 조력자와 방관자가 늘 함께 존재한다는 것이다. 노동자 자살, 정신질병 사건을 조사하다 보면 멈출 수 있던 사건의 단서들이 곳곳에 흩어져 있다. 인간답게 살고자 일했지만 정작 인간다운 삶이 무엇인지 고민조차 할 수 없는 상황에 놓인다. 일터에서 지지받지 못하고 외면당하는 사이 노동자의 삶은 곪아간다.

이 책에서 직장 내 괴롭힘, 직장 내 성희롱 등은 노동관계법의 법적 판단 기준에 한정하지 않고 더욱 폭넓은 관점에서 살펴보고자 '일터 괴롭힘'으로 썼다. 법원의 판례, 업무상질병 판정서, 근로복지공단 지침 등에 표기된 용어인 '자살'을 그대로 인용하되, 각 사례에서는 '사망', '숨지다', '생을 마감하다', '스스로 목숨을 끊다' 등으로도 표현했다. 사업장 이름, 자살 방법, 도구, 장소 등은 숨겼으며, 등장인물의 이름은 모두 가명이다.

자살 사건은 업무상 재해 중 선뜻 인과를 알기 어려운 사건이다. 하지만 노동자가 업무상 스트레스로 고통받았던 순간을 살펴보면 곳곳에서 업무 관련성의 단서를 찾을 수 있다. 그 단서들을 모아, 업무 관련성을 주장하는 '재해경위서'를 작성한다. 이때 단서들이 남긴 구조 신호를 따라가면 자살을 막을 수 있었던 어느 순간과 마주치게 된다. 이런 안타까움까지 포함해 노동자 정신건강 보호의 중요성을 강조하고 싶었다. 업무상질병판정위원회 심의위원으로 활동하면서 고민했던 제도 개선, 보완에 관한 의견도 일부 담았다.

노동자 자살, 정신질병의 업무 관련성을 입증해 업무상 재해로 인정받는 일은 유족이나 노동자의 한恨을 푸는 과정처럼 느껴진다. 그리고 일터에서 존중과 배려가 이토록 어려운 일인지 묻게 된다. 사건이 거듭될수록 노동자 자살, 정신질병을 바라보는 사회적 인식 변화의 필요성을 절감한다. 계속 증가하는 노동자 자살, 정신질병 사건을 이제는 막아야 한다.

지난 20년간 노동자, 노동조합의 든든한 힘이 되고자 노력했다. 2005년 노무법인을 설립할 때, 최소 3년은 버텨야 한다며 '닫지 마라, 필'을 외쳐 주었던 여러 노동조합, 한국노동안전보건연구소, 노동인권 실현을 위한 노무사모임의 많은 이에게 감사를 전한다. 그리고 주저하며 용기를 내지 못할 때 이 책이 세상에 나올 수 있도록 도와주신 나름북스에도 깊은 감사를 드린다. 마지막으로, 긴 호흡을 해왔고 앞으로도 함께할 김재광 노무사, 김재민 노무사, 박경환 노무사에게 진심으로 감사의 마음을 전한다.

2025년 12월

노무법인 필 유상철

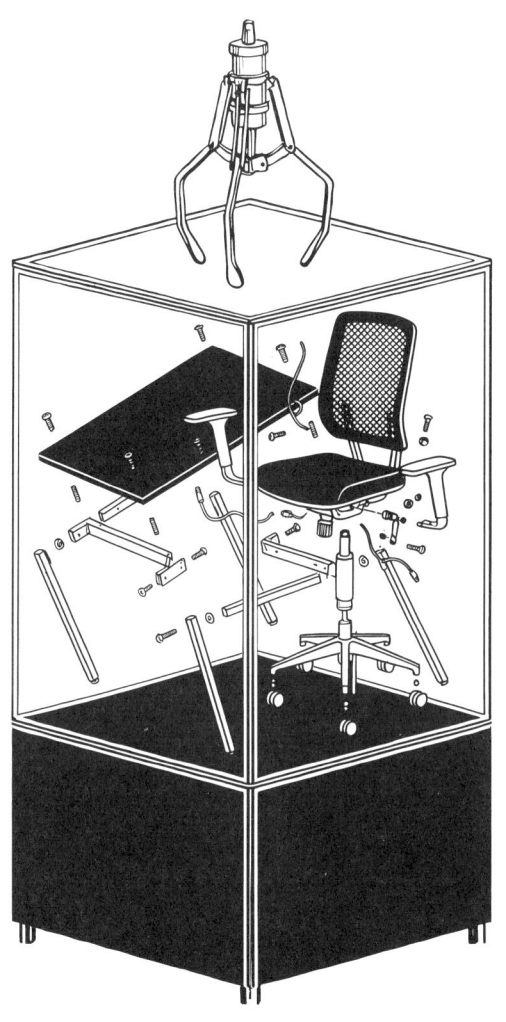

1부

거부할 수 없는 자리: 일터의 폭력과 통제

1.　살고 싶었던
　　　정신병동의 간호사

　　어느 오후, 지인에게서 전화가 걸려 왔다. 반가움도 잠시, 가라앉은 그의 목소리에서 불길한 예감이 스쳤다. 나쁜 소식임을 직감했다.

　　지인은 20대 후반의 조카가 자살했다고 전했다. 직업은 간호사였으며, 근무하던 병원에서 괴롭힘을 당한 것 같다고 했다. 사건이 노무사에게 닿기까지는 여러 단계를 거치므로, 최초 상담자는 구체적인 사실관계를 잘 알지 못한다. 나는 유족과 직접 상담해 보겠다고 답했다. "휴대전화는 꼭 챙기고, 유품은 버리지 말고 잘 살펴보라"라고 덧붙였다. 통화를 마칠 무렵, 지인은 한 가지를 더 말했다. "그 아이가 청소년 시절 자살을 시도한 적이 있어요." 정신과 진료를 처음 받은 시점이 청소년기였다는 의미다. 따라서 처음 정신과를 찾게 된 이유나 자살 시도 요인은 직업과는 무관한 사적 영역일 가능성이 높았다.

젊은 간호사, 직장 내 괴롭힘, 자살이라는 사건 개요만 듣고, "반드시 업무 관련성을 입증해야 한다"라며 끓어오르던 전투력은 순간 사그라졌다. 사건 난이도가 갑자기 치솟았다.

정신과를 선택한 이유

정신질병은 신체적 질환이나 과도한 정신적 부담에서 비롯되며, 개인의 성격적 특성과 환경적 요인이 복합적으로 작용해 발병한다. '개인적 소인'이나 '개인적 취약성'이 주요 원인이라면 업무 관련성은 약해진다. 그러나 정신질병은 개인의 감수성, 의식, 사고, 기억, 판단, 의지, 감정, 욕구 등과 완전히 분리될 수 없다. 노동자 자살이나 정신질병 사건에서 가장 중요한 일은 업무상 스트레스 요인을 객관화하는 것이다. 시기별·상황별로 업무 과정에서 어떤 스트레스가 있었는지, 신체적·정신적 이상 상태가 어떻게 시작되고 악화했는지를 자세히 살펴야 한다. 이때 대리인인 노무사의 주된 임무는 업무 관련성에 초점을 맞춰 '재해경위서'를 작성하는 일이다. 사건을 조사·분석해 노동자의 죽음이 업무와 직접 연관되어 있음을 논리적으로 입증해야 한다.

청소년기에 자살 시도가 있었던 사건은 처음이라 마음이 복잡했다. 나는 미라 씨 유족에게 필요한 자료를 요청했다. 그러나 내 머릿속에는 한 가지 의문이 계속 맴돌았다. 가해자는 도대체 왜 그런 행동을 했을까. 미라 씨의 사망을 처음 확인한 사람은 그가 근무하던 병원의 관계자였다. 미라 씨가 예고 없이 결근하고 연락이 끊기자, 불안해진 병원 측이 자택을 찾았다. 관계자는 경찰에 신고했고, 유족에게 현관 비밀번호를 받아 문을 열었다.

병원 관계자가 서둘러 미라 씨를 찾아갔다는 사실이 이 사건의 업무 관련성을 밝히는 첫 단추였다. 조사는 미라 씨가 사망한 2024년 3월 중순으로부터 시간을 거슬러 올라가야 했다. 무엇보다 중요한 과제는 미라 씨가 과거 자살을 시도한 적이 있다는 '개인적 취약성'을 넘어서는 것이었다. 사망 전 업무상 스트레스 요인을 확인하는 한편, 청소년기 성장 과정도 살펴보기로 했다. 학생생활기록부에는 '감수성이 풍부하고 발랄하며, 항상 명랑하고 기발한 아이디어가 넘쳐 주위에 활력을 주는 매력적인 학생, 다른 친구들을 도와주는 따뜻한 심성으로 친구들 사이에서 신망이 높은 학생'으로 기록돼 있었다. 적어도 고등학교를 마치고 간호학과에 진학해 졸업할 때까지 미라 씨는 일상생활에 별다른 문제가 없던 것으로 보였다. 그러나 여러 기록을 통해 미라 씨가 간호학과를 선택하고, 졸업 후 줄곧 정신과에서 일한 이유를 짐작할 수 있었다.

미라 씨는 16년 전 처음 자살을 시도했다. 정신과에서 '적응장애' 진단을 받고 약 한 달간 입원 치료를 받았다. 이후 12

년이 지난 2020년 4월, '경도의 우울 에피소드'로 두 차례 진료를 받을 때까지 비교적 안정적으로 지냈다. 이때도 약간의 우울감을 느껴 정신과를 다시 찾았을 뿐, 특별한 문제는 확인되지 않았다. 간호사가 된 뒤 5년 동안 거친 병원들을 살펴보니 모두 정신과에서 근무했다. 마지막으로 일한 A 병원에는 2022년 11월 입사했고, 입사 전인 2022년 5월 건강검진 결과지에는 '우울 증상이 없음'이라고 기록돼 있었다. 미라 씨가 2024년 3월 초, 3년 11개월 만에 정신과를 다시 찾은 것은 A 병원 입사 15개월 후였다.

정신과의 '의무기록지'와 '심리평가보고서'는 사건의 객관적 근거로서 매우 중요하다. 일터에서 괴롭힘을 겪은 노동자는 스트레스가 심해지면 심리 상담을 받거나 정신과를 찾는다. 물론 혼자 견디려는 경우도 있어, 정신과 기록이 없는 자살 사건도 적지 않다. 노동자의 정신질병 사건에서는 일터 괴롭힘 이후 생애 처음으로 정신과 진료를 받는 사례가 비교적 많다. 과거에 진료받은 적이 있지만, 이후 별문제 없이 지내다가 다시 병원을 찾는 경우도 있다. 이런 때에는 과거 진료 기록과 현재 상황을 비교해, 현시점의 발병이나 악화 요인이 업무와 관련 있음을 입증하는 것이 핵심이다.

유족이나 당사자의 기억은 왜곡될 수 있으므로 반드시 건강보험공단의 '건강보험 요양급여 내역'을 확인해야 한다. 이 자료에는 과거 진료받은 상병명과 의료기관이 모두 기록돼 있어, 변화 양상을 의학적으로 세밀하게 살펴볼 수 있다. 이렇게 사건을 추적하다 보면 자연스럽게 노동자의 생애주기 안으로 들어가게 된다. 유족이나 사용자의 관점이 아니라 노동자의 시선에서 사건을 재구성하되, 감정 이입은 경계해야 한다. 정신적 이상 상태의 발현과 악화 정도를 면밀히 들여다보면, 업무상 스트레스 요인이 하나씩 드러난다.

사건을 수임하는 순간 '해야 할 일'이 생긴다. 의무감으로 사건을 조사하고, 추적하고, 곱씹으며 재해경위서를 작성하다 보면 어느새 이 일이 '하고 싶은 일'로 바뀌는 때가 있다. 업무 관련성 입증에 한 발 더 다가섰다는 자신감이 차오르기도 한다. 업무상 재해로 인정받는 과정은 결국 업무상질병판정위원회를 설득하는 과정이다. 그러기 위해서는 내가 먼저 설득돼야 한다.

욕받이가 된 복덩이

입사 초, 미라 씨가 가장 신뢰하던 상사는 B 팀장이었다. 그러나 그 신뢰는 곧 가장 깊은 상처로 바뀌었다. 두 사람은 "팀장님, 사랑합니다", "미라 같은 복덩이를 이제야 만나다니"라는 메시지를 주고받을 만큼 가까웠다. 미라 씨는 B 팀장과 자주 대화하며 성장 과정과 현재의 고민을 자연스럽게 털어놓았다. 그러던 어느 날, 병원 안에서 자신에 관한 이상한 소문이

돌고 있다는 사실을 알게 됐다. 사망 한 달 전이었다.

다른 동료를 통해 전해 들은 소문은 "배다른 동생이 있다더라", "성격이 예민한 건 어릴 때 계모의 학대를 받아서 그렇다더라", "가정사가 복잡해 무드 변화가 심하다더라"라는 이야기였다. 정신과에서는 '기분' 대신 '무드mood'라는 단어를 사용하는데, "무드 변화가 심하다", "무드 장애가 있다"라는 말은 정신건강에 문제가 있다는 뜻으로 들릴 수 있다. 미라 씨는 직장 안에서 이미 '정신적으로 불안정한 사람'으로 낙인찍혀 있었다. 사람들이 수군대며 자신 이야기를 하는 것 같아 피해 다니기 시작했다. 일상은 점점 움츠러들었다. 소문의 근원이 누구인지 알았기에 배신감은 더욱 컸다. B 팀장과는 차츰 거리를 두게 되었고, 마주칠 때마다 긴장감이 높아졌다. 갈등을 일으키느니 조용히 물러나는 편이 낫다고 생각했다. 결국 퇴직을 결심한 미라 씨는 병원 측에 "번아웃 증후군으로 쉬고 싶다", "힘들어서 잠을 못 잔다"라고 말했다.

미라 씨가 퇴직 의사를 밝히자, B의 괴롭힘은 한층 노골적으로 변했다. "능구렁이 같다", "잠을 왜 못 자냐, 갱년기냐?"라고 비아냥거리거나 "환자 욕받이나 하라"라고 몰아붙였다. B와 함께 일하는 것 자체가 고통이 됐다. 그의 말과 행동은 미라 씨의 어린 시절 상처를 건드렸고, 숨이 막힐 만큼 불안한 상태가 이어졌다. 잊고 묻었던 과거의 고통이 되살아나는 나날이었지만, 근무표에 따라 출근을 멈출 수는 없었다. 이미 퇴직을 결심했음에도 출근 명령을 거부하지 못한 건, 그렇게 길든 노동자의 습성이었을 것이다.

예상치 못한 퇴직 통보에 당황한 쪽은 병원이었다. 미라 씨는 업무 능력이 뛰어났고, 인력난도 심한 시기였다. 병원은 미라 씨를 붙잡기 위해 퇴직 절차를 미뤘다. 괴로움이 깊어진 미라 씨는 결국 솔직하게 말했다. "B 팀장의 괴롭힘 때문에 그만두려고 합니다." 그러나 병원은 아무런 조치도 취하지 않았다. 괴롭힘 사실에 대한 조사도, 유급휴가나 분리 조치도 없었다. 매일 B를 마주하며 미라 씨는 극심한 모멸감과 수치심을 견뎌야 했다. 정신적 붕괴는 순식간이었다.

그 무렵부터 사망에 이르기까지 미라 씨는 여러 차례 자살을 시도했다. 매번 유서를 남겼고, 시간이 지날수록 내용은 더 구체적이었다. 거의 '괴롭힘 조사보고서'에 가까웠다. 유서에는 "누구보다 B에게 잘 보이려고 애썼는데, 내가 얼마나 우스웠을까. 얼마나 재미있었을까"라는 분노가 가득했다. 정신과 진료 기록에는 "2~3주째 잠을 못 잔다, 머리가 아프고 토할 것 같고 숨이 가쁘다", "가슴이 두근거린다, 모든 것이 무너졌다", "간호사가 된 것이 후회스럽고 그런 사람을 만난 것도 괴롭다, 무기력한 자신이 수치스럽다"라는 내용이 남아 있었다. 업무상 스트레스는 가파르게 높아졌고, 해소의 길은 보이지 않았다.

처음으로 하지 말아야 할 일을 저지른 다음 날, 미라 씨는 출근 시간에 맞춰 일어나지 못했다. 걱정한 동료가 여러 차례 전화를 걸어 겨우 연락이 닿았다. 반사적으로 몸을 일으켜 택시를 타고 출근했지만, 몸이 말을 듣지 않았다. 결국 의식을 잃고 쓰러진 그는 구급차에 실려 인근 병원으로 이송됐다. 동행한 동료의 요청으로, 미라 씨는 청소년기에 진료받았던 정신건강의학과 병원으로 옮겨져 치료를 받을 수 있었다. 다행히 다음 날 퇴원했지만, 이 일을 계기로 아버지는 딸이 일터에서 괴롭힘을 당하고 있었다는 사실을 처음 알게 됐다.

사망 나흘 전, 아버지는 직접 병원장을 찾아갔다. 이미 딸이 남긴 녹취와 동료들의 증언을 모두 들은 뒤였다. 아버지는 딸을 대신해 B의 사과를 받고 싶었지만, 그는 자리에 없었다. 아버지가 괴롭힘 조사와 산재 처리를 요구하자 병원장은 "악의 없이 한 말이었고, B 팀장은 병원에 꼭 필요한 인재이니 너그럽게 이해해 달라"라고 말했다. 아버지는 그제야 병원이 사건을 덮으려 한다는 사실을 깨달았다. 실망과 자책이 뒤섞인 채 병원을 나서려던 순간, 딸에게서 전화가 왔다. "아버지가 딸을 내세워 돈을 뜯어내려 한다"라는 소문이 병원 안에 퍼졌다는 것이다. 게다가 "미라 씨에게 증언한 직원들을 색출한다더라"라는 말까지 돌고 있었다. 그나마 자신을 도왔던 동료들이 병원으로부터 불이익을 받을 수 있다는 사실에 미라 씨는 극심한 좌절과 분노, 불안에 휩싸였다. 그래도 사과는 받아야 한다는 아버지에게 "그냥 여기서 끝내자"라는 말을 남겼다. 그리고 나흘 뒤, 미라 씨는 세상을 떠났다.

왜 하필 내가 맞았을까?

　근로복지공단이 미라 씨 사건 조사를 진행하던 2024년 5월은 '직장 내 괴롭힘 금지법' 시행 5년을 앞둔 시점이었다. 2019년 1월 근로기준법 제76조의2에 "사용자 또는 근로자는 직장에서의 지위 또는 관계 등의 우위를 이용하여 업무상 적정범위를 넘어 다른 근로자에게 신체적·정신적 고통을 주거나 근무환경을 악화시키는 행위를 하여서는 아니 된다"라는 조항이 신설되었고, 같은 해 7월부터 시행됐다.

　한 TV 시사 프로그램은 법 시행 5년을 맞아 노동자들이 실제로 '덜 괴로워졌는지' 점검하는 기획을 마련했다. 방송은 "여전히 존재하는 법의 사각지대, 현실과 동떨어진 지침, 그리고 그 끝에서 울고 있는 피해자들, 괴롭힘을 견디지 못해 세상을 떠난 이들이 남긴 숙제를 하나씩 풀어나간다"라는 취지로 제작됐다. 이 가운데 미라 씨 사건도 주요 사례로 다뤄졌다. 해당 방송은 "5년 차 간호사는 직속 상사가 자신의 뒤에서 자신의 가정사에 대해 험담하고 앞에선 견디기 힘든 폭언을 해 힘들었다는 유서를 남기고 스스로 세상을 떠났다. 병원 측에 최초 신고한 이후에도 신속한 조치가 이루어지지 않아 괴로웠다는 내용도 여러 번 적었다"라고 사건을 소개했다. 미라 씨의 아버지는 인터뷰에서 "'아빠, 나 퇴사하면 안 돼?'라고 물었을 때만 해도, 힘드니까 좀 쉬면 될 거라고, 별일 아닐 거라고 생각했어요"라며 말을 잇지 못했다.

직장 내 괴롭힘 금지법이 시행된 지 5년을 훌쩍 넘겼지만, 현실은 크게 달라지지 않았다. 일터 괴롭힘과 그로 인한 사망은 지금 이 순간에도 이어지고 있다. 국회 보도자료에 따르면, 직장 내 괴롭힘으로 인한 업무상 재해 승인 건수는 2019년 20건, 2020년 72건, 2021년 131건, 2022년 138건, 2023년 185건으로 해마다 늘었다. 2024년 8월 기준으로는 이미 129건에 달했다. 같은 기간 직장 내 괴롭힘으로 인한 사망 사건도 29건(이 중 16건이 업무상 재해로 인정)에 이른다. 노동부가 집계한 직장 내 괴롭힘 신고 처리 건수 역시 2020년 5,823건, 2021년 7,774건, 2022년 8,961건, 2023년 10,028건, 2024년에는 12,253건으로 매년 증가세다. 세상을 등지기까지 피해자가 겪는 고통은, 당사자가 아니라면 짐작조차 어렵다.

나는 미라 씨가 남긴 유서를 여러 번 읽고, 통화 녹음 파일도 반복해 들었다. 고인이 자주 썼던 단어와 표현에 집중하며 장면을 떠올리는 과정은 쉽지 않았다. 사건 조사가 한창이던 그해 8월, TV에서 흘러나온 한 드라마의 대사가 오래 남았다. 타인의 악행에 휘말려 삶이 무너진 인물들이 등장하는 이야기였다. "우리 같은 사람들을 뭐라고 하는지 아나요? 개구리요. … 무심코 던진 돌에 맞은 개구리가 되어 보면요. 머리는 핑핑 돌고, 몸은 늘어지고, 숨은 점점 가늘어지는데도 그 돌은 누가 던졌을까, 왜 하필 내가 맞았을까, 그것만 계속 되풀이하게 돼요."

　미라 씨의 유서에는 이런 문장이 있었다. "아무것도 모르고 잡아 던진 돌에 개구리가 죽듯, 경솔한 말과 행동이 이런 결과를 일으킬 수 있다는 걸 B 팀장이 배우길 바라요." 생의 끝에서 미라 씨는 "내가 왜 그랬을까"와 "왜 나였을까" 사이를 끝없이 맴돌았다. B가 "그냥 장난이었다"라고 둘러대기엔, 그 결과는 너무도 가혹하고 원망스러웠다.

　미라 씨 아버지가 노동부에 진정을 제기하자, 병원은 B 팀장을 권고사직 처리했다. B는 명예훼손 소송에서 유죄가 인정되어 100만 원의 벌금형을 선고받았다. 그의 삶 역시 한순간에 뒤바뀌었지만, 그는 여전히 살아 있다. 반면 병원장의 직장 내 괴롭힘은 인정되지 않았다. 사용자의 조치가 미흡하다는 판단은 있었으나, 근로기준법상 요건을 충족하지 않는다는 이유였다. 의심스러운 정황은 남았다. 병원은 노동부 조사 과정에서 "미라 씨 사망 3일 전 긴급 노사협의회를 열어 유급휴가 3개월, 실업급여, 정신과 치료비 지원을 의결했다"라고 주장했다. 사실이라면 그 즉시 본인에게 알려야 했다. 그랬다면 비극을 막을 수도 있었을 것이다. 그러나 사망 이틀 전의 정신과 진료 기록과 마지막 유서 어디에도 그런 내용은 없었다. 병원의 주장은 책임을 피하려 나중에 꾸며냈다고 볼 여지가 충분했다.

　2024년 10월, 근로복지공단 업무상질병판정위원회는 미라 씨의 사망을 업무상 재해로 인정했다. 판정서에는 다음과 같이 적혀 있다. "고인은 A병원 간호사로 재직 중 자살했다. 고용노동부의 조사 결과, 일부 행위가 직장 내 괴롭힘으로 인정되어 징계해고에 준하는 권고사직 처리가 이루어진 점, 개인적 요인이 일부 존재하더라도 일정 수준의 직장 내 갈등이 있었던 점, 우울 증상 악화의 주요 원인이 업무상 사건과 밀접히 관련된 점 등을 종합할 때, 고인의 사망은 산업재해보상보험법 제37조 제2항에 따른 업무상 사망으로 인정된다."

노동자 자살 및 정신질병 사건은 근로복지공단의 업무상질병판정위원회 심의와 판정을 거쳐 처리된다. 업무상질병판정위원회는 업무상 질병 판정의 전문성과 공정성을 확보하기 위해 설치된 심의 기구다. 2006년 12월 '노사정위원회 산재보험 발전위원회'는 업무상 질병 판정의 객관성을 높이기 위해 지역본부별로 주요 업무상 질병을 심의·판정하는 제도 도입에 합의했고, 2008년 7월부터 업무상질병판정위원회를 설치·운영해 왔다. 현재 전국에는 서울남부, 서울북부, 부산, 경남, 대구, 경인, 경인남부, 광주, 대전 등 9개 업무상질병판정위원회가 있다. 위원회는 노·사 단체 추천 위원과 공익 전문가가 참여하며, 노·사 추천 전문가 비율은 전체 위원의 3분의 1 수준이다.

위원회는 뇌심혈관질병, 근골격계질병, 직업성암, 정신질병(자살 포함), 만성폐쇄성폐질환COPD, 세균성질병, 간肝질병, 기타 질병을 심의·의결한다. 2024년 기준 전체 질병 사건 22,931건 중 13,332건이 인정되어 인정률은 58.1%였으며,

2023년 대비 1.4% 감소했다. 주요 질병별 인정률은 뇌심혈관질병 31.5%, 근골격계질병 63.2%, 직업성암 51.9%, 정신질병 57.9%, 자살 31.5%로, 모두 2023년에 비해 감소했다. 특히 직업성암과 정신질병, 자살의 인정률 감소 폭이 컸다.

정신질병 사건은 2024년 808건 중 468건이 인정되어 57.9%의 인정률을 보였고, 2023년 692건 중 452건 인정되어 65.3%였던 것보다 낮아졌다. 2024년 자살 사건의 인정률은 108건 중 34건으로 31.5%였으며, 자살 외 정신질병은 699건 중 433건이 인정되어 61.9%였다. 자살 인정률은 지역별 편차가 심한데, 서울북부는 13건 중 10건이 인정되어 76.9%로 가장 높고, 부산은 12건 중 1건만 인정되어 8.3%로 가장 낮았다.

2008년 인정률은 44.7%였으나 2009년 39.0%, 2011년 35.7%로 하락하면서 업무상질병판정위원회가 제 기능을 다하지 못한다는 비판이 제기됐다. 이에 2012년 민주노총은 노동자 처지를 대변할 전문가 비중을 높이는 방향으로 대응 방침을 수정했다. 나는 그때 서울 업무상질병판정위원회 심의위원으로 위촉되었으며, 2022년 서울북부 업무상질병판정위원회 신설 이후 현재까지 서울북부 심의위원으로 활동하고 있다.

끝내 놓친 삶

미라 씨는 사망 이틀 전, 마지막으로 정신과를 찾았다. 전날 밤, 강아지를 끌어안고 쓰다듬으며 마음을 진정시키려 애썼다. 3월 중순이었지만 온몸이 얼어붙을 만큼 한기가 몰려왔다. 한순간도 잠들지 못한 채 날이 밝자마자 집을 나섰다. 진료 예약은 오후 4시였으나, 아침 9시도 되기 전에 병원에 도착해 진료실 앞에서 대기했다. 혼자 있는 것이 두려웠기 때문이다. 그날 미라 씨는 하루 종일 버텼다. 무너지는 자신을 붙잡으며, 삶의 끈을 놓지 않으려 필사적으로 몸부림쳤다. 마지막 진료 기록에는 "B 팀장은 그런 기억이 없다고 한다", "나만 바보가 된 것 같다", "지금 판단력 자체를 잃어버린 것 같다"라는 문장이 남아 있었다.

주치의는 즉시 입원할 것을 강하게 권했다. 미라 씨 또한 자신의 상태가 위태롭다는 것을 알고 있었지만, 가족과 상의하겠다며 병원을 나섰다. 그리고 이틀 뒤, 마지막 유서에 마지막 심경을 남겼다. "너무 살고 싶어. 살려 줘. 살려 달라고 애원했는데, 나 정말 살고 싶었는데."

일터 괴롭힘이 한 사람의 자살로 이어지기까지는 분명 시간이 있다. 그 사이, 사용자가 적절한 조처를 해야 했다. 피해자의 목소리에 귀 기울이고, 고통을 헤아렸다면 이토록 참혹한 일은 일어나지 않았을지도 모른다. 분명 멈출 기회가 있었다. 노동자는 개구리가 아니라 사람이다.

2.　두 번의 불승인과
　　　용접사의 죽음

　　연우 씨 사건은 2008년 여름에 발생했다. 당시 산업재해
보상보험법과 근로복지공단 지침 기준은 지금과 달랐다. 산
업재해보상보험법 시행규칙에 노동자 자살 관련 조항이 마련
된 것은 2000년부터였다. 근로복지공단은 2006년 9월 '정신질
병 업무 관련성 조사 지침'을 마련했지만, 노동자 자살이나 정
신질병 사건이 업무상 질병으로 인정받기는 매우 어려운 시기
였다. 실제로 2008년 정신질병 인정 사건은 24건에 불과했으
나, 2018년에는 126건으로 9년 만에 5.3배 증가했다는 언론 보
도가 이를 뒷받침한다. 2003년 대구지하철 화재 참사 이후 '외
상후스트레스장애PTSD'에 대한 관심은 높아졌지만, 업무상 사
고로 발병한 외상후스트레스장애는 여전히 노동자가 감내해야
할 문제로 치부됐다. 근로복지공단의 업무 관련성에 대한 부정

적 태도도 이러한 분위기에 한몫했다.

연우 씨는 신축공사 현장에서 일용직 용접사로 근무했다. 오랜 장마와 잦은 비로 공사 현장 공정률은 상당히 지연된 상태였다. 사고 전날에도 많은 비가 내렸고, 다음 날까지 바닥에 물이 고여 있었지만, 현장소장은 연우 씨에게 전기용접 및 절단 작업을 지시했다. 상식적으로 감전 위험이 있는 상황에서 전기 작업은 불가능하며, 현장소장이 작업을 지시하지 않아야 했다. 평상시에도 감전 위험이 큰 전기용접과 절단 작업은 주의가 필요하지만, 전날 내린 비로 바닥이 젖어 있는 상황에서는 위험도가 훨씬 높았다. 현장소장이 이를 모를 리 없었다. 산업안전보건규칙에서는 "노동자가 물·땀 등으로 인하여 도전성導電性이 높은 습윤 상태에서 작업하는 장소"에는 교류아크용접기에 자동 전격 방지기를 설치하도록 규정하고 있지만, 이를 확인할 필요조차 없을 정도로 명백한 위험 상황이었다.

작업 시 노동자에게 보호구를 지급하거나 보호조치를 취하는 것은 나중의 일이고, 먼저 안전하게 일할 수 있는 작업환경을 마련하는 것이 우선이다. 사업주는 가능한 모든 방법을 동원해 위험 요소를 제거해야 한다. 그럼에도 일부 위험이 남아 있다면 적절한 보호구를 지급하고 작업을 진행할 수밖에 없다. 그러나 위험이 눈앞에 있음에도 아랑곳하지 않고 작업을 강행하는 경우가 많다는 점이 문제다. 그나마 보호구라도 지급되는 것이 다행이라고 여겨지는 현실은 안타깝다.

연우 씨는 물이 고인 현장에서 작업하던 중 감전 사고를 당했다. 사고는 머리, 목, 어깨, 팔, 가슴, 배를 관통하는 중증 감전으로, 상병명은 '전기 감전으로 인한 다발성 장기 손상'이 었다. 8주간 입원 치료, 1주간 통원 치료, 그리고 3개월 후 재활 전문 치료가 필요하다는 소견이 있었으며, 곧바로 업무상 재해로 인정됐다.

몸이 아프면 마음이 아프다

연우 씨에게 발병한 다발성 장기 손상의 특징은 겉으로는 별다른 이상이 없어 보인다는 점이다. 온몸에 힘이 빠지고 활력이 떨어져 아무것도 할 수 없는데, 외형상으로는 아무런 증상이 없는 것처럼 보였다. 사고 후 3개월이 지나도 연우 씨는 '감전으로 인한 두통, 전신 근육통'을 호소했다. 재활 치료로 호전될 것으로 기대했지만, 잠을 거의 잘 수 없을 정도로 만성 두통에 시달렸다. 두통과 불면으로 인한 신체적 고통은 일상생활조차 어렵게 만들었다.

신체적 고통은 정신에도 영향을 미쳤다. 가족뿐 아니라 타인에게도 적개심을 느끼고, 우울과 충동 조절 능력 저하, 사회 부적응 등의 정신적 이상 상태가 불쑥 나타났다. 연우 씨는 늘 불안했고, 일상이 예민해졌다. "돈 몇 푼 준다고 일하러 나갔다가 이런 일을 당해 눈물만 난다"라는 하소연도 아무 소용이 없었다.

"전기만 보면 치가 떨린다, 감전 때문에 살기 싫다"라고 토로하던 연우 씨는 점차 자살 생각에 사로잡혀 갔다. 때로는 분노를 주체하지 못해 "사람 많은 곳을 석유로 불태워 버리고 싶다"라는 말까지 내뱉으며, 파괴적이고 피해 의식적인 사고를 노골적으로 드러냈다. 친구들과의 관계는 끊어졌고, 가족들마저 함께 지쳐갔다. 업무상 사고가 발생한 지 6개월이 지난 2009년 2월, 연우 씨는 정신과 진료와 심리 평가를 통해 '비기질적 불면증'과 '중증 우울성 에피소드' 진단을 받았다.

산업재해보상보험법 제49조는 "업무상의 재해로 이미 발생한 부상이나 질병이 추가로 발견되어 요양이 필요한 경우, 그 업무상의 재해로 발생한 부상이나 질병이 원인이 되어 새로운 질병이 발생하여 요양이 필요한 경우"에 최초 요양신청 상병 외에 추가로 발병한 질병도 업무상 재해로 인정한다. 이를 '추가상병' 제도라 한다. 근로복지공단은 '추가상병 및 재요양 업무처리 기준'을 통해 세부 판단 원칙을 제시하고 있다. 즉, 요양 중이거나 요양이 끝난 뒤 추가적인 업무 노출이 없는 상태에서 새로운 질병이 발견되더라도, 그 원인이 최초 재해와 같다면 추가상병으로 인정될 수 있다는 것이다. 이때는 업무상 부담 요인, 업무 기간의 중복 여부, 질병의 발생 시점과 최초 상병의 시간적 근접성, 새로운 부담의 존재 여부 등을 종합적으로 검토한다. 또한 최초 상병과 구별되는 질병이 확인되고,

치료가 필요한 상태여야 한다.

2006년 4월, 한 노동자가 사다리에서 추락해 '양측 원위요골 골절, 두개저부 골절, 상악골 골절, 안면부 골절' 등의 중상을 입은 사건이 있었다. 그는 바닥에 떨어지며 손목을 짚었지만, 얼굴까지 크게 다쳤다. 재해 후 극심한 두통과 어지럼, 복시, 불면, 우울, 대인관계 회피가 나타났고, 사소한 일에도 신경이 곤두섰다. 삶에 희망이 없다는 말을 반복하던 그는 결국 정신과에서 '뇌진탕후증후군'과 '외상후스트레스장애'를 진단받았다. 이후 추가상병을 신청했지만, 외상후스트레스장애는 인정되지 않고 뇌진탕후증후군만 추가상병으로 승인됐다. 연우 씨도 이와 유사한 과정을 밟게 됐다.

인정받지 못한 위험과 병

연우 씨는 업무상 사고 후 4개월이 지나서야 생애 처음으로 정신과 진료를 받기 시작했다. 이후 꾸준히 치료를 이어가며 사고 발생 6개월이 지난 2009년 2월에는 심리평가를 다시 받았다. 그는 정신과 진료 기록과 심리평가 보고서를 근거로 추가상병을 신청했다. 그러나 근로복지공단은 "주관적 증상 호소에만 근거한다"라는 이유로 매번 '불승인' 결정을 내렸다.

신체적 상처에 이어 마음까지 병든 연우 씨는 점점 쇠약해졌다. 정신과 상병이 추가상병으로 인정되지 않자, 상태는 더 악화됐다. 결국 지하철 이동 중 소화기를 무작정 분사하는 등 통제하기 어려운 행동을 보였고, 이 일로 벌금 190만 원을 선고받았다. 집에서는 가족과의 대화 도중 감정을 억누르지 못하고 장롱을 망치로 부수는 등 충동적인 폭발이 이어졌다. 명백히 입원이 필요한 상태였다. 그가 제때 추가상병을 인정받고, 적절한 정신과 치료를 받을 수 있었다면 어땠을까. 이 물음은 여전히 남는다.

산업안전보건법 제51조는 "사업주는 산업재해가 발생할 급박한 위험이 있을 때는 즉시 작업을 중지시키고 근로자를 작업 장소에서 대피시키는 등 안전 및 보건에 관하여 필요한 조치를 하여야 한다"라고 사업주의 작업 중지 의무를 규정하고 있다. 같은 법 제52조는 "① 근로자는 산업재해가 발생할 급박한 위험이 있는 경우에는 작업을 중지하고 대피할 수 있다. ② 제1항에 따라 작업을 중지하고 대피한 근로자는 지체 없이 그 사실을 관리감독자 또는 그 밖에 부서의 장에게 보고하여야 한다. ③ 관리감독자 등은 제2항에 따른 보고를 받으면 안전 및 보건에 관하여 필요한 조치를 하여야 한다. ④ 사업주는 산업재해가 발생할 급박한 위험이 있다고 근로자가 믿을 만한 합리적인 이유가 있을 때에는 제1항에 따라 작업을 중지하고 대피한 근로자에 대하여 해고나 그 밖의 불리한 처우를 해서는 아니 된다"라고 규정하고 있다.

연우 씨가 처한 상황은 명백히 작업중지권을 행사할 수 있는 수준의 위험이었다. 그러나 실제 현장에서 노동자가 사용자의 지시를 거부하거나 작업을 중단하는 일은 결코 쉽지 않다. 위험하거나 부당하더라도 고용불안을 우려해 대부분의 노동자는 침묵한다. 만약 연우 씨가 물이 고인 현장에서 전기용접 및 절단 작업을 거부했다면, 혹은 감전의 급박한 위험을 이유로 작업을 중단했다면 사고는 막을 수 있었을 것이다. 하지만 현실적으로 노동자가 그런 결단을 내리기는 어렵다. 그렇기에 무엇보다 사용자의 안전상 조치 의무, 보건상 조치 의무가 우선되어야 한다. 작업 현장의 위험을 사전에 제거하는 것이 사용자의 법적이자 도덕적 책무다. 연우 씨의 사고는 공사 기간이 촉박하다는 이유로 물웅덩이 위에서 전기 작업을 강행한 결과였다. 지금 돌아봐도 이해하기 어려운, 명백히 막을 수 있었던 사고였다.

그런 점에서 연우 씨의 추가상병 '불승인' 결정은 더욱 납득하기 어렵다. 예컨대 2017년 2월, 한 고령 노동자가 계단에서 굴러 경추골절을 입은 사건에서는 상황이 달랐다. 전신마취 수술 후 재해자는 의식 저하와 지남력(주위 환경 중에서 특히 자기가 처해 있는 공간, 시간 및 상대방을 구체적으로 인지하는 능력) 장애 등 섬망 증상을 보였다. 근로복지공단은 '경추골절'을 업무상 재해로 인정하는 동시에, '신체적 쇠약 상태에서 발생한 섬망delirium'이라는 정신과 진단을 근거로 추가상병도 승인했다. 연우 씨의 경우 역시 감전으로 인한 다발성 장기 손상 이후 명확한 시간적 인과관계 속에서 신체적·정신적 이상이 발현되고 악화됐다. 이를 고려하면, 그의 정신과 상병 역시 업무상 재해로 인정되었어야 마땅하다.

물웅덩이로부터 벼랑 끝까지

미디어에서는 종종 '자살을 당하다', '자살당한 사람들'이라는 표현을 쓴다. 문법적으로는 모순이지만, 누군가가 죽음을 선택할 수밖에 없는 상황으로 몰렸음을 함축한다. 연우 씨의 경우, 그 결정적 계기는 '추가상병 불승인'이었다. 사고가 발생한 지 7개월이 지난 2009년 3월, 연우 씨는 심각한 신체적·정신적 이상 상태를 보였다. 결국 한 달가량 정신과에 입원해야 했다.

당시 진료 기록에는 다음과 같은 문구가 남아 있다. "몸이 괴롭고 누가 때리는 것처럼 아프다. 엊그제 지하철에서 소화기로 난동을 부렸다는데 기억이 나지 않는다. 집에서 매일 싸운다." "전기를 먹어서 그런지 헛구역질이 난다. 머리가 너무 아프고 터질 것 같다. 잠을 계속 못 잔다." 그는 두통, 기억력 저하, 불면, 우울감, 자살 사고, 충동 조절 장애 등 중증의 정신적 증상을 보였다. 진단명은 '외상후스트레스장애'였다. 2009년 4월, 연우 씨는 다시 외상후스트레스장애에 대해 추가상병을 신청했다. 진료 기록에는 자살 사고가 곳곳에 드러나 있었다. 조금만 악화돼도 자살 시도로 이어질 수 있는 극도로 위험한 상태였다. 추가상병 신청은 단순한 행정 절차가 아니라, 치료를 통해 살고 싶다는 구조 신호였다.

그러나 근로복지공단은 "정신과적 증상이 재해와 객관적 의학적 연관이 있다는 근거가 미흡하다"라는 이유로 또다시 불승인 결정을 내렸다. 의학적으로 더 세밀한 검토가 필요했을 수는 있지만, 업무상질병판정위원회 심의위원으로서 내가 경험한 사례들을 고려하면, 연우 씨의 외상후스트레스장애는 최초 요양 신청이었더라도 업무상 재해로 인정될 가능성이 충분했다. 두 차례에 걸친 추가상병 불승인 통보는 결국 연우 씨를 벼랑 끝으로 몰았다.

2005년 12월 노동부는 '업무상 정신질병에 대한 실무 지침서 마련을 위한 연구'를 진행했다. 노동자의 자살과 정신질병에 관한 업무 관련성 판단 기준을 마련할 필요가 있었기 때문이다. 근로복지공단은 이 연구를 바탕으로 2006년 9월 '정신질병 업무 관련성 조사 지침'을 제정한 것으로 보인다. 이후 2014년 9월, 2016년 3월, 2019년 5월, 2021년 1월까지 네 차례 개정이 이루어졌다. 이는 산업재해보상보험법 개정과 사회적 인식변화에 따라 세부 조사 항목을 추가하는 방식의 개정이었다. 현재 근로복지공단의 지침은 정신질병을 '기질성 정신질병'과 '기능성 정신질병'으로 구분한다. 기질성 정신질병은 뇌의 병변(뇌 변성·종양·외상·감염·혈관장애 등)이나 전신상태의 이상(약물투여 · 금단상태 · 대사성 장애 · 호르몬계 이상 등)에 의해 발생하는 질병을 말한다. 반면 기능성 정신질병은 이러한 기질적 병변이 확인되지 않는 상태에서 발생한 정신질병이다.

최초 요양급여 신청 질병 중에서 업무 관련 심리적 스트레스를 원인으로 주장하는 대부분의 경우가 바로 이 기능성 정신질병에 해당한다. 따라서 먼저 정신질병 상병명에 대한 진단이 필요하며, 이후 심리적 스트레스와의 관련성을 평가하는 단계로 넘어간다. 이때 근무 내용, 주요 업무상 스트레스 요인, 개인적 요인과 특성을 구분해 업무 관련성을 검토한다. 최근 직장 내 괴롭힘, 성희롱, 감정노동자 보호 등 사회적 이슈를 반영하면서 과거보다 노동자 자살과 정신질병 사건의 업무 관련성을 폭넓게 인정하는 추세다. 그러나 연우 씨가 사망한 2009년 당시에는 정신질병과 업무 관련성을 인정하는 기준이 매우 제한적이었다는 사실이 이 사건에서 드러난다.

대법원은 "근로자의 사망이 업무상의 질병으로 요양 중에 자살함으로써 이루어진 경우에는 당초의 업무상 재해의 질병에 기인하여 심신상실 내지 정신착란의 상태에 빠져 그 상태에서 자살이 이루어진 것인 한 사망과 업무와의 사이에 상당인과관계가 있다고 할 것 … 근로자가 업무상의 질병으로 요양 중에 자살한 경우에 있어서는 자살자의 질병 내지 후유증상의 정도, 그 질병의 일반적 증상, 요양 기간, 회복 가능성 유무, 연령, 신체적 · 심리적 상황, 자살자를 에워싸고 있는 주위 상황,

자살에 이르게 된 경위 등을 종합 고려하여 상당인과관계가 있다고 추단할 수 있으면 그 인과관계를 인정하여야 할 것이다(대법원 1993. 12. 14. 선고 93누9392 판결)"라고 보고 있다.

2008년 8월 물웅덩이에서 전기 작업을 하던 중 감전 사고를 당한 연우 씨는, 사고 10개월 뒤인 2009년 6월 스스로 생을 마감했다. 한 달간 정신과에 입원해 치료를 받았으나 상태는 호전되지 않았다. 퇴원 후 한 달가량 통원 치료를 이어갔으나 증상이 악화해 다시 입원해야 했다. 연우 씨는 지속적인 두통을 호소했고, 사회적 부적응과 불안감은 점점 심해졌다. 자살 충동이 극심해 가족조차 돌보기를 버거워했지만, 생계 문제로 어쩔 수 없이 퇴원해야 했다. 입원과 퇴원을 반복해도 상태는 나아지지 않았다. 일용직 용접사로 일하던 기억도 가물가물했다. 마지막 희망을 붙잡는 마음으로 연우 씨는 퇴원 후 추가 상병 불승인에 대한 이의 제기를 위해 이곳저곳을 찾아다녔다. 그러던 어느 날, 그는 끝내 집으로 돌아오지 않았다.

감전 사고를 당하기 전까지 연우 씨는 정신과 치료를 받은 적이 없었다. 정신질환을 호소하거나 이상 행동을 보인 적도 없었다. 하루하루 성실히 일하는 평범한 일용직 노동자였다. 사고 이후에도 그는 회복을 기대하며 치료에 전념했다. 사고 후 석 달쯤까지는 상태가 조금씩 나아지는 듯했으나, 2008년 12월이 되어도 망가진 신체 기능은 회복되지 않았다. 불안, 우울, 불면, 두통 등 신체적·정신적 이상 증상이 나타나고 악화됐다. '비기질적 불면증'과 '중등도 우울 에피소드'에 대한 1차 추가상병 불승인, 이어 '외상후스트레스장애'에 대한 2차 불승인은 연우 씨의 상태를 급격히 악화시켰다. 연우 씨의 마지막 진료 기록에는 "꿈속에서 전기에 붙는다. 머리가 아프고 죽고 싶은 마음이 계속 든다. 속으로 운다. 집에서도 말을 못 한다"라고 적혀 있었다.

업무상 사고로 요양 중이던 연우 씨의 정신적 고통과, 정신과 치료에도 호전되지 않은 상태의 배경에는 근로복지공단의 추가상병 불승인 결정이 자리하고 있었다. 그러나 유족급여 청구가 접수된 이후 근로복지공단의 태도는 완전히 달라졌다. 생전에 냉담하고 단호했던 태도에서, 지나칠 정도로 친절하고 신속한 대응으로 바뀐 것이다. 근로복지공단은 업무상질병판정위원회 심의에 부치지도 않고, 지사 차원에서 곧바로 연우 씨 사건을 업무상 재해로 인정했다. 두 차례의 추가상병 불승인이 연우 씨의 죽음과 직접적으로 관련된 사실에서 자유로울 수 없던 근로복지공단이, 더 큰 파장을 막기 위해 서둘러 결정을 내린 것 아니냐는 의심을 지울 수 없다.

3.   어두운 터널 안에서
닫힌 문

2012년 3월, 출근 시간대 서울의 한 지하철역에서 사망사고가 발생했다. CCTV 영상에는 한 남성이 승강장 끝, 직원용 출입문 앞에서 서성이는 모습이 포착됐다. 열차가 들어오는 순간, 남성은 출입문을 열고 선로에 내려섰고, 열차 운행은 즉시 중단됐다. 승객 안전사고를 방지하기 위해 2008년부터 지하철역마다 승강장안전문(스크린도어)이 차례로 도입되던 시기였기에, 남성이 비밀번호를 입력하고 직원용 출입문을 통해 선로에 진입한 경위는 매우 놀라운 일이었다.

사망자의 신원이 확인되자, 도시철도공사(현 서울교통공사) 관계자들은 큰 충격에 빠졌다. 승강장에서 서성이고 있던 창민 씨는 제복을 입은 도시철도 기관사였다. 당연히 그는 비밀번호를 알고 있었다. 열차를 운전하는 기관사들은 늘 두려움과 공포를

안고 일한다. 열차 안전사고는 기관사들을 옥죄는 주요 불안 요인이다. 창민 씨의 사망은 기관사에게 가장 치명적인 사건과 맞닿아 있었으며, 그가 선택한 마지막 순간은 곧 극심한 업무상 스트레스를 호소하고자 한 신호와도 같았다.

열차에서 내리고 싶다

창민 씨는 17년 전 전자직으로 공사에 입사했다. 사망 7년 전인 2006년에 철도차량 운전면허를 취득하고 승무직으로 전환되었다. 지하철 직종 중 기관사 일이 가장 멋지다고 생각했던 그는, 고된 노력 끝에 기관사가 된 사실이 무척 기뻤다. 그러나 일을 거듭할수록 열차 운전은 부담으로 다가왔다. 창민 씨는 사망 11개월 전인 2011년 4월 운전 중 실수를 범했다. 출입문을 빨리 닫는 바람에 한 승객이 끼여 하차하지 못한 사고였다. 이 사건 이후 열차 운전에 대한 신체적·정신적 스트레스가 심해졌고, 한 달 후 정신과 진료를 받기 시작했다.

열차 승무점호 시 기관사의 신체적·정신적 건강 상태를 반드시 확인하게 되어 있다. 창민 씨는 정신과 진료 사실만으로 불이익을 받을까 우려해 일부러 한방 정신과를 찾았다. 그는 '기음양허증' 진단을 받고 1개월가량 병가를 내고 쉬었다. 한방 정신과에서 기음양허증은 공황장애와 유사한 증상을 나타내는 상병이다. 한편, 2011년 12월에서 2012년 1월 사이 서울지하철에서는 역주행 사고가 네 차례 발생했다. 자신이 일으킨 사고는 아니었지만, 사고 소식을 접한 창민 씨는 평소보다 더 움츠러들었다.

지하철 사고는 사회적 이슈가 되었고, 공사는 여론의 뭇매를 맞았다. 그러나 공사는 역주행 사고의 근본 원인을 분석하지 않고, 사고 책임을 기관사들에게 전가하는 데 급급했다. 당시 도시철도 기관사들은 수동운전을 강요받았다. 이미 일인 승무 체계에서 자동운전과 자동제어가 가능했지만, 공사는 에너지 절감을 이유로 수동운전 실적을 중요한 평가 기준으로 삼았다. 창민 씨는 수동운전을 하면서 승강장 안으로 고속 진입하고, 승강장안전문과 열차 문 사이의 정위치 정차를 유지해야 하는 긴장감을 견디기 어려운 상태였다.

창민 씨는 계속 일하겠다는 마지막 의지로 내근직 전직을 결심했다. 전직 신청 사유서에는 "1995년 5월 입사하였고 2006년 6월 열차 운전 업무로 전직하게 되었습니다. 운전 업무 수행 중 적성 및 소질이 본인과 맞지 않아 피치 못하게 병원에 다니며 병가 등을 쓰게 되었고, 본의 아니게 ○○승무관리소에 걱정과 누를 끼치게 되었습니다. 역사의 요금자동화시스템 및 사무 업무에 익숙하여 공사의 발전과 사무 분야의 발전에 꼭 기여하고 싶어 전직을 신청합니다"라고 상세히 이유를 밝혔다. 공사는 창민 씨가 업무상 스트레스로 인해 열차 운전에 어려움을 겪고 있다는 사실을 충분히 알고 있었을 것이다. 그러나 나중에 공사는 그의 상태를 몰랐다고 끝까지 부인했다.

전직 신청자 95명 중 23명만 다른 직종으로 전환됐다. 전직 신청마저 거부되자 창민 씨는 크게 절망했다. 말수가 급격히 줄고 혼자 있는 시간이 늘면서 동료들과 거의 대화를 나누지 않았다. 일인 승무제로 운영되는 시스템은 창민 씨의 고립감과 압박감, 부담을 더욱 가중시켰다. 열차에 계속 오르는 것은 벗어날 수 없는 굴레 같았다. 민원 발생 건수도 점차 늘었다. 열차 운전의 부담이 잦은 실수를 불러왔고, 이 때문에 점점 더 위축되는 악순환이 반복됐다.

사망 5일 전 민원 사고는 더 심각했다. 기관사의 미숙한 조작을 감지한 승객이 "열차가 가다 계속 멈춥니다"라는 항의 문자를 공사에 보냈다. 어쩌면 창민 씨는 열차를 운전해서는 안 되는 상태였을지도 모른다. 그러나 교번표에 따라 배차되는 열차에 오르지 않을 수 없었다. 사망 3일 전 10시간 5분, 사망 2일 전 8시간 16분, 사망 하루 전과 당일 첫차까지 합쳐 10시간 58분 등, 3일 연속 30시간 이상 운전했다. 차량기지에서 숙박해야 하는 근무표였다. 전날 밤 창민 씨를 지켜본 동료는 "새벽에 밖으로 나가고 들어오기를 반복하며 제대로 자지 못하는 것을 봤다"라고 진술했다.

대부분 기관사는 일상적으로 시간 강박이 심하다. 창민 씨도 언제부터인지 수시로 시간을 확인하는 습관이 생겼고, 시간과 전쟁이라도 하듯 반복적으로 손목시계를 들여다보는 등 강박이 심해졌다. 불규칙한 교번 근무로 수면장애를 겪는 데다, 승무사무소 수면실 개선 공사까지 겹쳐 수개월 동안 제대로 잘 수 없었다. 부족한 인력도 문제였지만, 누군가 대신 운전하도록 교번을 바꾸는 것은 민폐로 여겨졌다. 교번표 일정을 반드시 지켜야 하는 상황이었다. 사망 직전 창민 씨는 바로 쓰러져도 이상하지 않을 정도로 누적된 피로감을 느꼈다.

열차 운전의 두려움에서 벗어날 수 있는 유일한 길은 전직뿐이었다. 그러나 전직 신청은 거부됐고, 그는 고통을 숨긴 채 사망 직전까지 열차를 계속 운전했다. 그러다 어두운 터널 속에서 영원히 눈을 감았다.

기관사 통제와 억압이 불러온 비극

2012년 당시 지하철의 노무관리는 통제적·억압적이며, 수직적·권위적 조직문화로 요약할 수 있다. 2003년부터 2016년까지 서울도시철도 기관사 9명이 연이어 스스로 목숨을 끊었을 정도로 기관사의 정신건강 문제는 심각했다. 공사는 'ㅇㅇㅇㅇ서비스단'이라는 제도를 운영했는데, 표면적으로는 업무 성과가 부진한 사람을 대상으로 한 직무재교육 프로그램이었으나, 사실상 노동조합을 탄압하기 위한 수단이었다.

공사는 기관사의 수동운전 실적을 중요하게 여겼다. 지하철, 도시철도, 철도 등 열차를 운행하는 모든 곳에서 승객 안전

사고 예방을 위해 스크린도어가 설치되고 있었지만, 자동운전이 충분히 가능한 상황에서도 공사는 에너지 절감을 이유로 굳이 수동운전을 지시했다. 이는 수동운전 실적을 통해 기관사를 통제·관리하기 용이했기 때문이다. 당시 전체 기관사의 수동운전 실적은 2009년 93.3%, 2010년 96.9%, 2011년 94.6%로 매우 높았으며, 이는 승무사무소가 기관사를 통제할 수 있었음을 의미한다.

창민 씨가 소속된 승무사무소의 수동운전 실적은 2009년 91.6%, 2010년 95.9%, 2011년 95.2%로 전체 평균과 비슷했다. 그러나 창민 씨 개인의 수동운전 실적은 2009년 70.2%, 2010년 82.7%, 2011년 66.5%로 턱없이 낮았고, 점차 퇴출 대상에 가까워졌다. 그만큼 창민 씨의 열차 운전에 대한 업무상 스트레스는 강해졌다. 수동운전 중 조작 실수로 승객 안전사고가 발생할지도 모른다는 두려움이 늘 그를 괴롭혔다. 사망 직전에는 수동운전뿐 아니라 열차 운전 자체가 두려움의 대상이었다. 진료 기록에는 "열차 운전을 피하고 싶다. 열차에서 내리고 싶다. 다른 직종으로 전직하고 싶다"라는 호소가 가득했다.

창민 씨 사건은 2012년 일이지만, 도시철도 기관사의 외상후스트레스장애, 공황장애 등 정신건강 문제는 훨씬 이전부터 심각한 수준이었다. 2007년 노동부의 임시건강진단 지시에 따라 가톨릭대학교가 도시철도 기관사 836명을 대상으로 임시건강검진을 실시한 결과, 기관사의 공황장애 유병률(0.7%)은 일반인(0.1%)의 7배에 달했다. 기관사 정신건강 보호가 시급히 요구되었지만, 공사는 조직적 해결이 아닌 노동자 억압 방식으로 대응했다. 사회공헌활동이라는 명목으로 사무소별 봉사활동 실적을 강요하고, 개인별·사무소별 봉사활동 시간은 곧 관리자에 대한 충성맹세로 평가됐다.

창민 씨를 비롯한 기관사들은 "혹시 내가 퇴출 대상이 되는 것은 아닌가" 늘 불안했다. 창민 씨가 마지막으로 선택한 해법은 전직 신청이었다. 단순한 도피가 아니라, 적재적소에 배치되어 계속 일하고 싶다는 의지였다. 그러나 이 바람은 좌절되었고, 그는 어둡고 밀폐된 공간에서 계속 열차를 운전할 수밖에 없었다. 사망 6개월 전 창민 씨는 본인 소유의 승용차마저 팔았다. 그 차는 공교롭게 수동변속기 차량이었고, 좁은 공간에서의 열차 운전에 힘겨워했던 그는 승용차 운전 자체에도 압박감을 느꼈다. 창민 씨에게 가장 적절한 해결책은 운전하지 않는 것이었을지도 모른다.

사망 3주 후, ○호선을 운전하던 한 기관사는 울먹이며 처절한 안내방송을 내보냈다. 이 일이 널리 보도될 정도로 안내방송은 당시 공사의 통제적 노무관리 실태를 여실히 드러냈다. "사장, 본부장, 운영팀장 어느 누구도 책임지지 않고 (창민 씨의 죽음을) 개인의 문제로 몰아갔습니다. 전직만 시켜줬어도 고인이 되지 않았음을 잘 알면서, 산재 처리도 제대로 하지 않아 고인은 장례도 치르지 못하고 20일 넘게 방치되었습니다. … 오늘이 ○호선 근무 마지막 날입니다. 어제 출근했더니 어처구니 없게도 △호선으로 인사 발령이 났습니다. ○○○ 소장님, ○○○ 총괄차장님, ○○○ 팀장님, ○○○ 본부장님, 기관사들 좀 그만 죽이세요!"

통제적·억압적 노무관리는 노동자 건강권 훼손과 업무상 재해 은폐로 이어진다. 공황장애 등 정신질병으로 병가를 쓰면 공사는 '업무 부진자'로 몰았다. 기관사들은 마음이 다쳐도 이를 숨기기에 급급했다. 이와 유사한 사례는 지금도 많다. 예를 들어, 2015년부터 '10대 안전수칙 지키기' 운동을 시행했던 한 제철회사는 2023년 8월부터 수칙을 위반하는 노동자를 징계하는 규정을 마련했다. 다친 노동자가 징계 대기 상태에서 산재 치료를 받고 현장에 복귀하면 징계위원회에 회부된다. 이 사업장에서는 작업 절차와 형식이 정밀하게 마련돼 있으나, 여유 인력과 설비 개선이 함께 이루어지고 있는지는 불확실하다. 안전수칙 위반을 두려워한 노동자는 종종 산재를 숨기고, 안전 매뉴얼 강화로 노동강도가 심해지면 위험과 외주화가 증가한다. 이곳 노동자에게 안전이란 숨 막히는 통제에 다름 아니다.[*]

업무상 재해를 방지하려면 위험을 최소화하는 것이 기본이다. 업무상 사고와 질병은 노동과정에서 발생한다. 일터에서 위험 원인을 찾거나 최소화하지 않는다면 노동자 건강권 훼손

---

[*] 전주희, "현대제철의 이상한 책임정치", 경향신문, 2024년 12월 22일 자 참고.

이라는 결과로 이어진다. 창민 씨가 일터에서 마음의 병을 털어놓아도 보복적 조치가 없다는 조직적 믿음이 있었다면, 그는 생을 마감하지 않았을지 모른다. 일터에서 조직적 안정과 치유 조치를 함께 모색했다면, 살았을지도 모른다.

질병판정위원회라는 장벽

2012년 7월, 창민 씨 사망의 업무 관련성은 '불인정'되었다. 업무상질병판정서에는 다음과 같이 기록되어 있다. "회사 측에 병가 사유가 '공황증'으로 기록된 것은, 고인이 2011년 유선상으로 '공황증'이라고 주장했고 회사 측에서 이를 승인했기 때문이다. 그러나 2011년 고인이 복귀하여 진단서를 확인한 결과, 병명은 '어지러움, 긴장 두통, 기음양허증'으로 나타났으며, 정신질병에 의한 특별한 관리나 조치를 취할 필요가 없다고 판단했다. … 전문가 소견에 따르면 의무기록 등을 살펴볼 때, 전형적인 공황발작이 나타날 경우 당연히 동반되어야 할 기술이 없고, 사망 전 공황장애 진단도 없으며, 사후 공황장애가 추가되었으므로 공황장애로 인한 증상이 불명확하여 업무 관련성을 인정할 수 없다는 소견이다."

업무상질병판정위원회 판정에서는 창민 씨가 기관사로 근무하며 경험했던 업무상 스트레스 요인이나, 사망 전 전직 신청 거부 등의 사실관계는 주된 쟁점이 되지 않았다. 판정서에서 언급된 '기음양허증'은 기와 음이 모두 소진돼 열이 나고 숨이 차며 가슴이 답답하고 목이 마르는 증상을 의미하는 한방 정신과 진단명이다. 이는 일반 정신과에서 사용하는 심리평가 도구로 한방 정신과 주치의가 의학적으로 진단한 상병이었다. 그럼에도 불구하고 업무상질병판정위원회는 창민 씨의 사망 전 신체적·정신적 이상 상태가 없었다는 점에 초점을 맞춰 업무 관련성을 인정하지 않았다. 양방과 한방 정신과의 의학적 소견 차이가 논란이 되는 양상이었다. 당시 자살 사건의 업무 관련성 판단 기준은 '사망 전 정신과 진료 내역'에 크게 의존했으며, 정신적 이상 상태에 관한 의학적 소견은 지금보다 훨씬 엄격하게 요구됐다. 창민 씨의 정신과 상병에 대한 논란이 커지자, 사망 7일 후 한방 정신과 주치의가 직접 방송에 나와 생전 상태를 설명할 정도였다.

당시 근로복지공단 판정 추이를 고려하면, 창민 씨 사건의 결과는 어느 정도 예측 가능했다. 업무상질병판정위원회 구술 심의에서 위원장은 질문 공세를 퍼부었다. 위원장은 "사망 전 진단서에는 '기음양허증'으로 되어 있는데, 이를 가지고 '공황장애'라고 판단할 수 있는가? 과연 재해자가 사망 전 정신과 질환 치료를 받은 것으로 볼 수 있는가?"라며 강하게 몰아붙였다.

업무상질병판정위원회 심의회의에는 통상 위원장 1명, 임상의 2명, 직업환경의학과 의사 2명, 산재 분야 전문가 2명 등 총 7명이 참석한다. 위원장은 공정하고 객관적인 심의를 위해 진행에 집중해야 하지만, 이 사건에서는 그렇지 않았다. 창민 씨 유족 대리인으로 참석한 나에게 위원장은 40분가량 취조에 가까운 맹공을 퍼부었다. 대부분의 질문은 공사가 배포한 해명 자료 문구 그대로였다. 날선 분위기 속에서 나는 끓어오르는 분노를 삭이며 "본 사건에 지대한 관심을 기울여주셔서 감사합니다"라고 말하고 회의장을 벗어났다. 그리고 곧바로 노동조합에 말했다. "집회신고부터 합시다."

이후 2012년 9월, 나는 민주노총의 추천으로 서울업무상질병판정위원회 심의위원으로 위촉되었다. 이제 대리인이 아닌 심의위원 자격으로 참석한 날 보고, 위원장은 "그때는 상황이 좀 그랬습니다"라며 말을 얼버무렸다. 독립성·전문성·공정성을 표방했지만, 당시 업무상질병판정위원회는 재해자 앞에서 높디높은 장벽처럼 군림했다.

2012년 10월, 산업재해보상보험재심사위원회 역시 창민 씨 사건을 업무상 재해로 인정하지 않았다. "승무직으로서 지하 구간 계속 운행, 불규칙한 근무시간, 일인 승무제로 인한 책임, 수동운전 강요, 운행 관련 민원 발생 등으로 '어지러움, 긴장 두통, 기음양허증' 상병으로 진료를 받은 것은 확인되지만, 평소 승무 업무에서 발생한 사건·사고나 문제된 민원, 근무시간 증가, 수동운전 실적 불이익, 작업환경 변화 등이 업무와 관련해 육체적·정신적으로 심한 부담이 되었다고 객관적으로 확인하기 어렵다. 사무직 전직 신청이 탈락하여 정신적 스트레스가 있었을 가능성은 있으나, 의학적으로 사망 이전 증상이 공황장애 진단기준에 미흡하고, 업무상 사유만으로 발생했다고 보기 어렵다. 사망 직전 상황이 사회평균인의 입장에서 도저히 감수하거나 극복할 수 없을 정도였다고 보기에도 부족하다."

이는 현재도 노동자 자살 사건에서 업무 관련성을 판단할 때 중요한 쟁점으로 남아 있다. 고인의 사망 전 정신적 이상 상태가 어느 정도였는지, 사망(자살)에 이를 정도의 업무상 스트레스 요인은 무엇인지, 개인적 요인과 어떤 관계가 있는지 구체적으로 살펴 신중하게 판단해야 한다. 자살 사건에서 '사망에 이를 정도의 업무상 스트레스 요인'은 객관화가 어렵기 때문에, 고인의 업무상 스트레스 요인과 강도는 사실관계 중심으로 세밀하게 평가해야 한다.

한동안 나는 지하철을 탈 수 없었다. 재심사 청구마저 기각된 날, 승강장에서 열차가 들어오는 장면을 바라보았다. 굉음과 조명 속 미끄러져 들어오는 열차가 마치 나를 바라보는 듯했고, 열차 유리문에 두 개의 텅 빈 눈동자가 서려 있는 것 같았다. 환영 속 억울함과 한 맺힌 시선에 눈물마저 흘렸다. 열차는 곧 떠났고, 나는 역사를 빠져나왔다. 그 이후 자꾸 그 광경이 떠올라 지하철을 타기 힘들었다. 의사인 지인에게 말했더니 '대리 외상' 증세 같다고 했다. 그는 창민 씨 사건에서 벗어날 필요가 있다고 조언했고 정신과 진료를 권했다.

불승인이 예견된 결과였음에도, 업무상 재해를 입증하려

는 내 모든 주장이 근로복지공단에서 배척될 때, 나는 창민 씨의 처지에 깊이 몰입했다. 반복적인 업무상 스트레스가 신체적·정신적으로 어떤 변화를 초래하는지 몸소 깨달았다. 이후 2년이 넘도록 이어진 행정소송 동안 부담감은 매우 컸지만, 법원에서 창민 씨 사망이 업무상 재해로 인정되자 내 증세는 말끔히 사라졌다.

자살이 아니라 업무상 재해다

창민 씨 사망 후 2년 7개월이 지난 2014년 10월, 행정법원은 근로복지공단의 기존 판정을 뒤집었다. 근로복지공단은 항소했지만, 같은 해 12월 고등법원에서 업무상 재해가 최종 확정되었다. 법원은 근로복지공단과 달리, 창민 씨 사망의 업무 관련성을 인정하며 다음과 같이 판시했다. "열차 운전(승무직)에서 오는 스트레스가 일부 원인이 되어 망인에게 '달리 분류되지 않은 불안장애'가 발병하거나 이를 악화시켰고, 망인은 이러한 '달리 분류되지 않은 불안장애'로 인해 정신적 인식 능력과 행위 선택 능력, 정신적 억제력 등이 현저히 저하된 상태에 빠져 이 사건 사고에 이르게 되었다고 보는 것이 타당하다."

법원은 또한 "승무직 업무로 인한 스트레스 때문에 다른 직렬로 전직을 신청했으나 2012년 2월 29일 탈락했다. 의학적 소견에 따르면 전직 신청 탈락은 망인의 상병 '달리 분류되지 않은 불안장애'를 더욱 악화시킬 수 있으며, 망인의 낮은 수동 운전 실적은 상병 때문일 가능성이 있고, 반대로 그 실적 저하가 증세를 악화시키는 요소로 작용했을 가능성도 있다"라고 덧붙였다.

근로복지공단에서 항소 여부를 결정할 무렵, 노동조합과 함께 담당자를 만났다. 근로복지공단이 요구 사항을 수용할 가능성은 낮았지만, 당시 노동행정 상황이 악화일로였기에 강력한 항의가 필요했다. 우리는 항소를 포기하고, 사건을 왜곡한 분석 보고서를 회수하거나 정정할 것을 요구했다. 근로복지공단은 이를 받아들이지 않고 사건을 고등법원까지 끌고 갔지만, 고등법원은 행정법원의 판결을 그대로 인용했다.

승소 후 한동안 체증이 가라앉는 듯했지만, 복잡한 감정도 함께 스며들었다. 판결문에 인용된 표, 업무 관련성 주장, 관련자 진술과 제출 자료 등은 '재해경위서'에 이미 담긴 내용 그대로였다. 내가 작성한 재해경위서가 판결에 반영된 것에 뿌듯함과 보람을 느꼈지만, 애초에 근로복지공단이 사건을 업무상 재해로 인정했더라면 소송까지 이어지지 않았을 것이라는 아쉬움도 컸다.

창민 씨 사건을 계기로 서울시, 서울도시철도공사, 노동조합은 최적근무위원회를 운영하며 기관사의 작업환경 개선, 정신건강 보호를 위한 대책을 강구하기 시작했다. 한국철도공사는 인적 오류 예방과 근본적 해결책 마련을 위해 휴먼에러위원회를 설치하고 기관사의 심리적 영향 요인 분석·심리적 치유 방안 등 대책을 논의했다. 그러나 이미 곪아 있던 기관사들의 신체적·정신적 이상 상태를 단기간 조치로 치유하는 데에는 한계가 있었다.

실제로 2012년 3월 창민 씨 사망 이후, 2014년 9월까지 4명의 도시철도 기관사가 연이어 자살했으며, 이 중 2건은 업무상 재해로 인정되었다. 당시 잇따른 기관사 자살 사건으로 인해 기관사 작업환경 개선과 직무스트레스 완화를 위한 시급한 필요성이 공감된 것이다. 이제 업무상 재해 인정에서 한발 더 나아가, 기관사들의 정신건강 보호를 위한 적극적 조치가 필요하다. 현재 서울교통공사는 마음건강센터, 철도공사는 휴먼안전센터를 운영하고 있다.

서울교통공사는 기관사 자살 사건을 겪으며 정신건강 보호 프로그램, 조직문화 개선의 필요성에 어느 정도 공감했지만, 핵심적인 문제로 지적되는 2인 승무제 실시, 4조 2교대제 근무 패턴 변화, 대기율 상향 등 인력 충원과 관련된 문제는 지금도 노·사 간 쟁점이 되고 있다. 그나마 다행스러운 것은 2017년 이후 서울시 지하철 기관사 자살 산재 사건 소식이 들리지 않았다는 점이다. 기관사들의 신체적·정신적 스트레스 완화를 위한 작업환경 개선은 지속적으로 이루어져야 하며, 그래야 모두의 안전을 지킬 수 있다.

4.   숨죽인 역사,
   미화원의 구조 신호

매번 사건을 되돌아보면, 고인에게 일이 생기기 전 곁에 많은 사람이 있었고 시간도 충분했다는 사실을 깨닫는다. 그러나 고인이 일터에서 홀로 괴로워하는 순간은 미처 알아채지 못했다. 충격적인 결과를 접한 뒤에야 "그때 뭔가 이상했지?" 하고 뒤늦게 되돌아보게 된다. 하지만 후회는 이미 늦었고, 막을 수 있었던 순간을 놓쳤다는 사실은 안타까움을 더한다.

일터 괴롭힘으로 신체적·정신적 고통이 쌓이면 노동자의 자존감은 무너진다. 자존감이 무너지는 경험의 강도에 따라 나타나는 이상 상태도 달라진다. 사람의 삶을 지탱하는 중요한 요소 중 하나가 바로 자존감이다. 자존감은 자신을 존중하고, 자신을 가치 있는 존재로 인식하는 마음이다. 노동자로 살아가며 자존감을 지탱하고 회복하는 힘은 무엇보다 중요하다. 노동자라는 이유로 영혼까지 저당 잡힌 채 일할 필요는 없기 때문이다. 2017년 서희 씨의 죽음은 자존감의 소중함을 다시 일깨워주는 사건이었다.

둘뿐인 밤

서희 씨는 지하철 청소미화원이었다. 지하철은 1년 365일 멈추지 않고 운행된다. 막차와 첫차 사이의 짧은 시간을 제외하면 늘 수많은 사람이 오가는 공간이다. 1974년 서울 지하철 개통 이후 50년 넘게 청소미화원들은 주 6일 근무를 이어왔다. 역사, 승강장, 계단, 화장실, 이동 통로 등 그들의 손길이 닿지 않는 곳은 없었다.

서희 씨는 야간 근무를 맡았다. 오후 9시에 출근해 다음 날 새벽 6시에 퇴근하는 일정이었다. 어떤 역은 세 명이 근무했지만, 그가 일한 역은 야간에 단 두 명뿐이었다. 승강장안전문 물청소, 왁스 작업, 고소 부위 청소처럼 승객이 있을 때 하기 어려운 작업은 '야간 기동반'이 담당했지만, 기동반이 오지 않는 날이면 서희 씨와 동료가 전부 맡아야 했다. 역사 안팎의 계단과 화장실 청소 등도 그의 몫이었다. 업무 분장표에는 청소 주기와 작업 방법, 구역이 세세하게 나열돼 있었다. 용역 시절까지 합쳐 서희 씨는 15년 가까이 지하철에서 일했다. 베테랑이라 불릴 만큼 경력이 있었고, 50대 중반의 여성으로 직업과 건강에는 특별한 문제가 없었다. 경제적으로 넉넉하지는 않았지만, 큰 빚이 있던 것도 아니었고 가정생활도 평범하게 이어가고 있었다.

그러나 사망 전 서희 씨는 평소와 달랐다. 신경이 날카로워졌고, 식사도 제대로 하지 못했다. 그럼에도 일은 계속해야 했다. 어느 날, 평소보다 늦게 귀가한 남편이 오후 8시가 넘어 집에 들어섰을 때, 현관에 그대로 놓여 있는 아내의 출근용 신발이 눈에 들어왔다. 이상한 낌새를 느낀 그는 집안을 둘러보다가 싸늘한 주검이 된 서희 씨를 발견했다. 그날, 서희 씨는 출근하지 않았다.

처음 상담할 때, 서희 씨의 사망과 업무상 스트레스 요인을 명확히 판단하기는 어려웠다. 근무 경력만 해도 15년에 달했고, 환경이 바뀐다 해도 큰 차이는 없을 것 같았다. 동료 역시 10년가량 근무한 베테랑이었다. 그러나 유족은 2개월 전 동료가 바뀐 뒤 어머니가 눈에 띄게 달라졌다고 말했다. "갑자기 살이 심하게 빠지고, 밥을 먹으면 토했어요." 평소 왜소하지만 깡다구 있던 사람이었는데, 힘이 하나도 없어 보였다고 덧붙였다. 변화의 원인이 무엇이었냐는 질문에 유족은 분명히 답했다. "동료가 늘 구박하고 무시했어요." 당시 직장 내 괴롭힘의 법적 정의는 명확하지 않았지만, 나는 이를 '일터에서 인간의 존엄성이 훼손되는 행위'라는 넓은 개념으로 이해하고 있었다. 겉으로 보기에 서희 씨와 동료 사이의 문제는 흔히 발생하는 관계 갈등처럼 보였다. 강도가 다소 강했을지라도, 갈등 때문에 사망에 이를 것이라고는 생각하기 어려웠다.

하지만 유족은 반복해서 강조했다. "우리 엄마는 체구가 작았어요. 그런데 그 사람은 덩치가 엄청났어요. 밤에 단둘이 근무했어요. 야간 2인 1조였어요." 체구가 큰 동료와 작은 서희 씨, 두 사람이 야간에 역사 안에서 단둘이 근무했다. 처음에는 사이가 좋았지만, 한 달 전부터 관계가 급속히 나빠졌다. 막막했지만, 문제의 근원을 업무적 요인에서 찾아야 했다. 실제로 서희 씨의 상태는 근무한 날과 근무하지 않은 날 사이에 분명한 차이가 있었다.

상담 중 잠시 자료를 살펴보았다. 서희 씨는 흔들리는 글씨체로 "생명에 위협을 느낍니다. 막 때릴 듯이 달려들고"라는 메모를 남겼다. 야간 2인 1조 근무 상황에서 한 사람이 생명의 위협을 느낄 정도였다면, 상대방의 행동은 그 이상의 공포감을 주는 수준이었다고 볼 수 있다. 갑자기 등골이 오싹할 정도로 떨렸다. 아무도 없는 야간 지하철 역사는 마치 포식자와 사냥감만 존재하는 공간과 같았다. 누군가 군림하는 상황만으로도 위협적이며, 폭력적인 상황으로 이어질 가능성이 충분했다. 이러한 맥락에서 서희 씨의 경험은 단순한 관계 갈등을 넘어서는 일터 괴롭힘의 문제였다. 사망 전, 서희 씨는 C의 사냥감이 되어 있었다.

일로 만난 사이에서 굳이 정겨운 호칭을 쓸 필요가 있었을까. 서희 씨가 일한 곳에서는 동료를 '짝꿍'이라 불렀다. 단둘이 근무하다 보니 자연스럽게 '단짝'이라는 호칭도 사용됐다. 사망 3개월 전, 짝꿍이 바뀌었다. 3년간 함께 일했던 기존 짝꿍이 다른 역으로 발령되면서, 새로 배정된 C가 서희 씨의 짝꿍이 되었다. 처음에는 C가 "언니, 언니"라며 살갑게 굴었다. 서먹했던 초반도 오래가지 않을 것 같아 서희 씨는 안심했다. 서희 씨보다 열 살가량 어린 C는 집에서 음식을 챙겨와 쉬는 시간에 나누며 친밀감을 쌓았다. 야간 기동반이 오는 날이면, C는 사람들 앞에서 음료수를 건네며 단짝임을 과시하기도 했다.

하지만 이런 관계는 오래가지 않았다. 함께 일한 지 한 달쯤 지나자, C는 휴게실에서 좀처럼 나오지 않았다. 담당 구역 청소를 대충 끝내고 누워 있는 시간이 대부분이었다. 계단 물청소처럼 힘이 많이 들고 시간이 오래 걸리는 공동 작업도 C는 피했다. 그는 "언니가 알아서 해"라며 공동 작업을 회피했고, "작업일지는 내가 써놨어. 언니는 가방끈이 짧아서 글 쓰는 거 싫어하잖아"라며 서희 씨를 무시했다. 모멸감을 느낀 서희 씨는 화를 냈다. "계단 물청소 작업은 왜 안 해? 일지는 네가 쓴다고 하고, 뭐 하는 거야?" C는 "나는 뒷배가 있어서 이래도 돼"라며 도리어 서희 씨를 압박했다. 초반의 살갑던 태도는 모두 연기였고, C는 자신이 서희 씨 위에 군림할 수 있다고 판단한 듯했다.

단둘이 근무하다 보니 하소연할 곳도 없었다. 열 살 어린 동생에게 무시당하는 것이 창피했고, 관리자에게 말하면 '뒷배'가 움직일 것 같아 두려웠다. C는 야간 기동반이 오는 날에는 태도를 바꿔 서희 씨 곁을 떠나지 않으면서 감시하는 듯한 행동을 보였다. 그리고 기동반, 주간반, 역무원, 관리자가 없는 틈을 노려 노골적으로 무시하고 폭언했다. "나잇값 제대로 해. 잘난 자식들에게 물어봐", "무식한 사람이네, 일 혼자 못해?" 등 사망 직전, 괴롭힘의 강도와 빈도는 점점 심해졌다.

구조 신호

일터에서 동료와 갈등이 생기면, 대부분 사람은 먼저 상대방을 탓하고 그를 다른 곳으로 보내주길 바란다. 그러나 서희 씨는 달랐다. 첫 번째 요구는 "나를 보내 달라. C와 함께 일할 수 없다"였고, 두 번째는 "그럴 수 없다면 C를 다른 곳으로 보내 달라"였다. 유급병가나 유급휴직은 꿈도 꿀 수 없었다. 단지 신속한 분리 조치를 바랐을 뿐이다. 살기 위한 구조 신호였다. 그러나 관리자는 사태의 심각성을 알아채지 못했다. 어쩌면 애써 외면했을지도 모른다.

C의 괴롭힘 사실을 알게 된 주간반 동료가 서희 씨에게 관리자에게 알리라고 용기를 준 덕분에, 서희 씨는 사망과 업무 관련성을 주장할 근거를 마련할 수 있었다. 사망 7일 전, 그는

관리자와 오래 통화하며 간절히 분리 조치를 요구했다. 그러나 아무것도 바뀌지 않았다. 혹시나 자기 말을 믿지 않을지도 모른다는 생각에, 휴대전화로 대화 내용을 녹음했다. 또한 C가 언제 위협적인 말과 행동을 할지 몰라, 자녀에게 녹음 방법을 배워 미리 녹음 기능을 켜놓기도 했다. 결과적으로 40~50분가량의 녹음 파일 5개를 남겼지만, 실제 대화 내용은 파일마다 2~3분 정도에 불과했다. 어렵사리 모은 녹음 파일을 관리자에게 전달했으나, 그는 듣지 않았다.

녹음 파일에는 "내가 말귀를 못 알아듣는 게 아니야", "본사 가서 이를 거야", "꼴값 떨지 말고, 나이 많이 먹었으면 대우받게 행동해야지, 언니나 똑바로 해", "왜 이렇게 말이 많아, 말하지 말고 얼른 저리 가", "염병하고 자빠졌네! 자기나 잘하지" 등 상상할 수 없는 폭언이 담겨 있었다. 아마 녹음 이전에는 더 심했을 가능성이 높다. 만약 관리자가 이 녹음 파일을 직접 들었다면, 즉시 위급함을 느끼고 신속히 조치했을 것이다. 그러나 서희 씨의 구조 신호는 이렇게 묻혀버렸다.

서희 씨가 사망한 후, A4용지 5장 분량으로 연필로 눌러쓴 메모가 발견되었다. 나중에 감사 결과를 확인해 보니, 메모 내용은 관리자와 나눈 통화 내용과 거의 일치했다. 서희 씨는 용기를 내 관리자에게 전화하기 전에, 혹시 실수할까 봐 미리 메모를 작성했던 것으로 보인다. 같은 내용을 여러 장에 반복하며 수정까지 거듭한 흔적이 있었다. 통화 중 서희 씨는 아마 메모를 그대로 읽어 내려갔을 것이다. 치밀함이라기보다는 당시 위축된 심리 상태를 그대로 보여주는 장면이었다. 말조차 제대로 하지 못할까 봐 미리 대본을 준비한 것이다. 그러나 관리자의 반응은 무심했다. 그는 "○○일에 안전교육이 있으니, 그때 세 사람이 함께 대화를 나눠보자"라고 말했을 뿐이었다. 정작 그날, 서희 씨는 안전교육에 참석하지 못했다. 구조 신호마저 묵살된 서희 씨는 극심한 좌절에 빠졌고, 결국 모든 것을 포기했다.

유족과 노동조합은 회사에 철저한 조사와 책임 있는 조치를 요구했다. 그러나 C는 유족을 만나주지 않았고, 서희 씨와의 사이에 특별한 일은 없었다고 잡아뗐다. 사건의 내막을 파헤치기 위해서는 당시 함께 근무했던 주간반, 야간 기동반 동료들, 과거 C와 함께 근무했던 동료들, 그리고 관리자들에 대한 진상조사가 필요했다. 뒤늦게나마 사태의 심각성을 인식한 회사는 감사를 진행했다. 정황상 C가 서희 씨와 짝꿍이 되기 전 다른 역에서도 유사한 사건이 있었을 가능성이 높았다. 아마 이러한 이유로 전보 발령이 이루어졌을지도 모른다. 회사는 C를 징계했어야 했지만, 아무런 조처를 하지 않았다. 그 결과 C는 서희 씨를 만만하게 보고 마음 놓고 괴롭힐 수 있었다. C의 위협적·폭력적 행위는 직장 질서 문란 등 징계 사유가 될 만했지만, 회사의 안일한 대응이 사태를 악화시킨 셈이다.

진술서와 대면조사를 바탕으로 작성된 감사 결과 보고서

는 예상과 크게 다르지 않았다. C가 과거에도, 현재에도 일터 괴롭힘의 가해자라는 사실이 확인됐다. 과거 동료들의 증언은 한결같았다. "'네가 떠들어서 잠을 못 잤다'며 온갖 지랄을 떨었다", "눈을 감고 쉬면 '그러다 잘린 사람 여럿 봤다'며 공사에 알리겠다고 했다", "역무원이 바뀐 걸 미리 알려주지 않았다고 큰소리로 화를 냈다" 등이다. 심지어 문을 발로 차거나 화장실 쓰레기통을 걷어차 찌그러뜨리는 위협적·폭력적 행동까지 있었다. C는 오래전부터 자신의 태만한 근무를 위해 동료들을 괴롭혀 온 것이 분명했다.

죽어서야 끝난 공포

유족 사건을 다룰 때는 고인의 사망과 업무 관련성을 주장하기 위해, 우선 업무상 스트레스 요인을 확인하고 그 심각도를 면밀히 파악해야 한다. 업무상 스트레스가 심화해 나타난 신체적·정신적 변화가 평상시 업무 내용, 일상생활, 심리 상태와 비교해 구체적으로 어떻게 달라졌는지 확인하는 것이 중요하다. 또한 스트레스와 신체적·정신적 이상 상태가 나타난 시기와 악화 정도에 따라, 고인의 생활 태도, 말투, 표정, 행동 등 변화를 시간의 흐름에 따라 살펴봐야 한다.

서희 씨는 외향적인 성격은 아니었지만, 친절하고 책임감이 강했다. 왜소한 체구였으나 단단해 보였다. 그러나 동료들이 기억하는 사망 전 모습은 이전과 달리 너무 마른 상태였다. 사망 전날, 남편이 어디가 아프냐고 묻자, 서희 씨는 "C와 심하게 다퉜다"라며 힘없이 안방으로 들어가 누웠다. 함께 일하는 동료 때문에 힘들다며 "그냥 내가 그만둘까?"라고 말하기도 했다. 서희 씨는 얼마간 의욕 없이 축 처져 있었고, 식사량도 줄었다. 사망 한 달 전부터는 안절부절못하고 불안과 초조한 모습을 보였으며, 사망 직전에는 극심한 좌절감, 의욕 저하, 무가치감, 우울감 등 정서적 불안 증세가 심화되었다. 얼굴은 창백했고, 식사조차 힘들어했으며, 불과 며칠 사이 체중도 급격히 줄었다. 야간반 근무로 평소 수면에 어려움을 겪었다 해도, 사망 전에는 더 잠을 이루지 못했다.

서희 씨는 정신과 진료 이력이 없었다. 사망 5일 전에 '급성 방광염' 치료를 받았을 뿐이며, 진료 기록에는 "최근 스트레스 심함. 과도한 스트레스에 의한 방광염 고려(의증)"라고만 적혀 있었다. 당시에는 자해행위의 업무 관련성 판단에서, 정신적 이상 상태에 대한 의학적 판단이 매우 중요하게 여겨졌다. 2020년 7월에 '상당인과관계로 인정되는 경우'로 판단 기준이 완화되었지만, 당시에는 '의학적으로 인정되는 경우'만 인정되었다.

재해경위서 작성을 마무리하면서 의사인 지인의 점검을 받았다. 사건 기록을 꼼꼼히 살펴본 그는, 서희 씨가 마지막 순간에 정말 죽고자 안간힘을 쓴 것처럼 보인다고 말했다. 출근해 동료와 마주치는 것 자체가 죽음보다 더한 공포였을 것이라고도 했다. 그리고 "심리적으로 제압당했던 것 같다"는 진단을 덧붙였다. C와 서희 씨의 신체적 차이 또한 눈에 띄었다. C는 키 170센티미터, 몸무게 70킬로그램으로 체구가 큰 편이었고, 서희 씨는 150센티미터에 50킬로그램 미만으로 작은 체구였다. 회사 근무복 분출 기록을 확인하니, C는 '엑스라지' 사이즈, 서희 씨는 '스몰'이었다. 신체 차이가 서희 씨가 심리적으로 제압당하는 데 영향을 미쳤을 것이라는 내용을 재해경위서에 덧붙였다.

질병판정위원회는 업무상질병판정서에서 다음과 같이 결론 내렸다. "조사된 내용으로 볼 때 고인은 ○○○○년 ○월부터 ○○역 지하철 역사의 야간 청소 업무를 수행하던 중 동료 근로자의 폭언 및 때릴 듯이 달려드는 위협적 행동 등으로 불안감이 극대화되고, 과도한 스트레스에 따른 육체적 이상 증세까지 나타나는 등 동료 근로자와의 심한 갈등 상황이 고인의 메모, 녹취록, 진료 기록 등에서 구체적으로 확인된다. 또한, 동료 근로자의 지속적인 괴롭힘과 관리자의 신속하지 못한 대응은 고인의 불안감과 우울한 심리 상태를 악화시켰을 것으로 보이며, 이러한 직무 관련 갈등 상황이 과도한 스트레스 요인으로 작용하여 정신적 이상 상태에서 자살한 것으로 판단되어 업무와 상당인과관계가 인정된다."

만약 회사가 조직적으로 문제 해결에 나설 것이라는 신뢰가 있었다면, 노동자가 죽음을 선택하지 않았을 가능성이 크다. 회사와 조직, 그리고 주변의 무관심은 결국 일터 괴롭힘 피해자를 극단적 상황으로 내몰았다.

산업안전보건법상 보건조치로서, '업무 수행이나 관련된 인적·물적 환경으로 인한 신체적 피로와 정신적 스트레스에 따른 정신건강장해 예방'과 관련해 사업주의 구체적 조치 의무를 명시할 필요가 있다. 노동자의 정신건강을 지키기 위해, 건강한 신체적 상태를 유지할 수 있는 작업환경 조성과 조직적이고 사회적인 지지가 필요하다.

5. 인사권의 폭력과
복종의 기술

　　회사 생활에서 승진 문제는 피할 수 없는 화두다. 누군가
는 승진을 자신의 능력과 성과가 공식적으로 인정받는 과정이
라고 본다. 또 누군가는 명예롭고 영광스러운 순간이라 여긴
다. 그러나 그만큼 무거운 책임과 역할이 뒤따르기에 부담으
로 다가오기도 한다. "빨리 승진하면 빨리 잘린다"는 냉소적인
농담처럼 승진 자체를 꺼리는 이들도 있다. 하지만 대체로 입
사 후 일정한 시간이 지나면 승진에 대한 욕망이 생기기 마련
이다. 예능프로그램 속 '만년 과장 정 과장'이 현실의 직장인들
에게 공감을 얻은 것도 이 때문이다. 조직은 이런 욕망을 제도
적으로 관리한다. 어떤 회사는 직급 체계를 단순화해 팀장과
팀원만 두고, 또 어떤 회사는 선임 · 책임 · 수석 같은 직책으로
재편한다. 하지만 여전히 사원 – 주임 – 대리 – 과장 – 차장 – 부

장 – 임원으로 이어지는 위계 구조를 유지하는 곳이 많다.

승진의 방식과 조건 역시 다양하다. 근속 연수를 기준으로 하기도 하고, 시험이나 교육 이수를 요구하기도 한다. 일반적으로는 시간이 흐르면 상위 직급으로 오르는 것이 '상식'처럼 여겨진다. 그러나 현실에서 '만년 대리', '만년 과장'이라는 이름으로 불리는 순간은 그리 유쾌하지 않다. 그렇다고 승진을 위해 사적인 관계에 의존하거나, 이른바 '사바사바'에 능해야만 한다는 뜻은 아니다. 오히려 승진에 얽힌 이런 농담과 자조는 조직 안에서 사람들이 어떤 눈치와 긴장을 감내하며 살아가고 있는지를 잘 보여준다.

'사바사바'라는 말은 은밀한 청탁, 곧 떳떳하지 못한 방식으로 일을 처리하는 행태를 가리킨다. '사바さば'는 일본어로 고등어를 뜻하는데, 일제강점기 당시 일부 친일파들이 일본인 관리에게 고등어를 갖다 바치며 비위를 맞춘 데서 비롯된 말이라는 설이 있다. 해방 이후에도 관공서에 뇌물을 바치는 행태를 풍자하는 표현으로 쓰였고, 그 흔적이 지금까지 남아 있다. 해방 후 80년이 지났지만, 여전히 '사바사바'라는 말이 조직 안에서 회자한다는 사실은 음성적인 거래가 사라지지 않았음을 방증한다. 그러나 승진 제도의 원리는 평가다. 기업은 공정성과 객관성을 확보하기 위해 역량평가, 정성평가 등 여러 도구를 활용한다. 하지만 평가 과정에서 상사의 주관을 완전히 배제하기는 어렵다. 이 지점에서 승진을 원하는 사람과 평가를 맡은

사람 모두 '사바사바'의 유혹에 흔들릴 수 있다.

인사 평가에서 또 중요한 것은 수용성이다. 다수가 결과를 납득하고 받아들일 수 있어야 평가가 공정했다고 볼 수 있다. 개인의 욕망과 직결되는 승진에서 공정성에 대한 요구는 더 강하게 제기된다. 그렇기에 승진과 평가 제도는 무엇보다 신중하고 투명하게 운영되어야 한다.

승진이 뭐길래

현모 씨는 입사 17년 차다. 입사 후 사원으로 1년, 주임으로 4년, 계장으로 5년을 보냈고, 과장(보)로 7년 차에 접어들었다. 과장(보) 3년을 채우면 과장 승진의 최소 연수를 충족한다. 4년 차에는 승진 시험에도 합격했고, 모든 필수 교육도 이수했다. 이제 남은 것은 발령뿐이었다.

회사의 사업 부문은 크게 D 사업과 E 사업으로 나뉘는데, 현모 씨는 17년 동안 줄곧 D 사업만 담당했다. 관련 자격증도 여러 개 취득하며 전문성을 쌓아왔다고 자부했다. 그래도 1차 승진 탈락은 담담히 받아들였다. "처음이니까 그럴 수도 있지"라며 넘겼다. 2차 승진 탈락은 예상 밖이었다. 자신보다 후배가 먼저 승진했기 때문이다. 회사 안팎에서도 결과에 의구심을 품는 분위기가 감지됐다. 상사와 동료들은 "다음은 따 놓은 당상"이라며 위로했지만, 과장(보) 6년 차가 자신밖에 없다는 사실은 쉽게 받아들이기 어려웠다.

　그럼에도 현모 씨는 물러서지 않았다. 1년 동안 밤낮없이 일에 매달렸다. 가족의 불만도 감수하며, 오직 성과만 바라봤다. 이번에는 반드시 승진할 수 있다는 기대와 자신감이 조금씩 커졌지만, 불안도 따라왔다. "이번에도 안 되면 쪽팔려서 어떻게 하지"라는 생각이 수시로 스쳤다. 결정권은 자신이 아닌 사용자에게 있다는 사실이 더 큰 불확실성을 안겼다.

　그렇게 1년이 지나고, 승진 인사를 앞둔 시기가 다시 찾아왔다. 아무리 둘러보아도 자신이 1순위라는 확신이 들었다. 경쟁자도 없다고 여겼다. 하지만 승진 발령일이 다가올수록 마음은 들뜨기보다 점점 조여들었다. 희망 고문 같은 시간은 더디게 흘렀고 마치 심장이 바짝 조여드는 듯한 긴장감 속에서 현모 씨의 조바심은 커져만 갔다. 승진 인사 발표 전날 밤, 현모 씨는 끝내 참지 못하고 인사과장에게 연락했다. 그는 동기였지만 나이는 어렸고, 일찌감치 과장이 된 사람이었다. 사석에서는 스스럼없이 반말을 주고받는 사이였기에, '이 정도 연락은 괜찮겠지' 하는 마음으로 메시지를 보냈다.

　"과장님, 인사이동 어때요? 제 건요?"

　"부장님이 내일 발표하신대요."

　"그래도 본 게 있잖아, 살짝만 알려줘요."

　"저도 아직 못 봤어요."

　그의 답변은 짧고 단호했다. 어색하게 대화를 마무리했지만, 속으로는 이미 눈치를 챘다. 인사 발령을 하루 앞둔 시점에, 인사과장이 결과를 모른다는 것은 말이 되지 않았다. 최종 결재가 끝났음에도 차마 탈락이라는 말을 전하지 못한 것이라 짐작했다. 그 순간 현모 씨의 마음속은 복잡하게 흔들렸다. "사바사바를 제대로 못한 게 문제일까?"라는 자책이 들기도 했고, "아직 발표도 안 났는데 벌써 낙담하기는 이르지"라며 스스로 다독여보기도 했다. 그러나 곧 "도대체 어떻게 처신해야 한다는 거야" 하는 분노가 치밀었고, "승진이 뭐라고" 하는 허무감도 몰려왔다. 분노와 자책, 원망 사이를 쉼 없이 오가며 그는 깊은 실망의 밤을 보냈다. 결과를 담담히 받아들일 자신이 없었다.

격오지 발령

침몰하는 배에 올라타는 심정으로 출근했다. 그래도 끝까지 희망의 끈은 놓지 않았다. 차분히 컴퓨터 전원을 켜고 인사 발령 공지를 열었다. 손끝이 떨렸지만 눈은 차갑게 굳어졌다. 결과는 머리를 세게 얻어맞은 듯 충격적이었다. 과장 승진에서 또다시 탈락했을 뿐 아니라, 회사에서 가장 험지로 꼽히는 격오지 사업장으로 발령이 난 것이다.

17년 동안 줄곧 D 사업을 맡아왔는데, 이제는 갑자기 E 사업 전담부서라니. 청천벽력 같은 소식이었다. 세 번 연속 승진 탈락도 견디기 힘든데 격오지 발령까지 겹치니 도저히 감당하기 어려웠다. 과장으로 승진하면 집에서 10분 거리에 있는 사업장으로 옮길 수 있으리라 기대했는데, 현실은 승용차로 1시간은 달려야 하는 먼 곳이었다.

항의할 기운조차 없었다. 그럴 걸 알고 있었던 듯, 곧바로 인사부장이 불렀다. 그는 "열심히 일 잘하는 거 잘 안다. 이번 인사가 변수가 많아 꼬였다. 잠깐 갔다 오면 좋은 일 있을 거다"라고 말했다. 사과인지 위로인지 알 수 없었다. 현모 씨에게는 그저 공허한 헛소리로 들렸다. '1년 뒤에도 과장 못 달면 어쩌냐'는 말이 목구멍까지 치밀었지만, 입 밖으로 나오진 않았다. 그날 이후 현모 씨의 술, 담배는 눈에 띄게 늘었다. 곁에서 며칠 휴가를 권했지만, 그는 꾹 참고 새 근무지로 출근했다.

누구나 어린 시절부터 '근면과 성실'이 중요한 미덕이라는 교육을 받으며 성장했을 것이다. 일터에서 부지런히 일하고, 정성껏, 참되게 힘쓰는 것을 가장 필요로 하는 사람은 사용자다. 그저 시키는 대로 묵묵히 자기 일을 하는 '근로자'를 원한다. 어느 뉴스의 한 장면은 흥미로웠다. 앵커와 기자가 주고받는 만담에 긴장감이 감돌았던 일이다. 앵커는 "오래전부터 우리 방송에서는 '근로' 대신 '노동'이라는 표현을 씁니다"라고 자랑하듯 말하며 "오늘 기자의 '노동' 결과를 보겠습니다"라고 했다. 기자가 준비한 키워드가 평소보다 하나 적은 2개뿐이자 앵커가 지적했다. "오늘 '노동'을 많이 안 했습니다. 두 개밖에 없네요.” 기자는 “예, ‘근로’가 부족한 것 같은데 더 ‘근로’에 신경 쓰도록 하겠습니다”라고 맞받아쳤다. 평상시 준비된 3개 키워드와 달리 이날 2개만 준비한 것은 기자가 판단한 적정량이었겠지만, 방송국 사장인 앵커의 시선에서는 기자가 일하지 않았다고 받아들인 것이다.

법적으로도 ‘근로’와 ‘노동’의 의미는 미묘하게 다르다. 근로기준법 제2조에서 “‘근로’란 정신노동과 육체노동을 말한다”라고 정의한다. ‘정신근로’나 ‘육체근로’가 아니라 ‘정신노동’과 ‘육체노동’이라는 용어를 사용한다. ‘근로’의 사전적 의미는 ‘부지런히 일함’이다. 근로기준법 정의 규정에 따라 ‘노동’이라고 표기하는 게 맞지만, 노동관계법에선 ‘근로’라는 단어를 사용하고 있다. 법에서도 용어 선택에 사용자 중심의 관점이 반영돼 있는 것이다. 김재광 전 한국노동안전보건연구소 소장은 이를 두고 “근면하다는 기준은 사용자가 세운다. 얼마나 일하느냐가 아니라 얼마나 부지런하냐에 방점이 있다”라고 지적한 바 있다.[*]

현모 씨 역시 누구보다 쉼 없이 살아온 근로자였다. 하지만 세 번 연속 승진에서 탈락한 뒤, 그간 자신의 노력과 성실이 허무하게 느껴졌고, 차츰 나락으로 떨어지는 듯한 심정을 경험했다.

----

[*] 〈지식채널e〉 당신은 누구입니까: 우리를 부르는 두 개의 이름, EBS, 2018.05.01.

만만한 근로자

현모 씨는 E 사업 경험이 전혀 없었다. 뭐가 어떻게 돌아가는지 도통 알 수 없었다. 갑작스러운 인사 발령 이후 직무교육도 없었고, 막상 가보니 인력도 부족했다. 배신감마저 들었다. 현모 씨가 발령받은 부서엔 원래 과장, 계장, 주임 세 명이 근무했지만, 모두 다른 사업장으로 흩어졌고 이제 새로 온 현모 씨와 주임 단 둘뿐이었다. 셋이 하던 일을 두 명에게 맡긴 것도 문제지만, 이 둘이 무경험자라는 사실도 이치에 맞지 않았다. 적어도 기존 직원 1~2명은 남겨야 업무 연속성을 유지할 수 있다.

회사가 왜 이런 인사 발령을 했는지 이해할 수 없었다. 인사이동 자체에 이의를 제기하거나 정당성 여부를 다퉈볼 필요가 있었다. 아무리 살펴봐도 업무상 필요성, 생활상 불이익, 사전 협의 등 전보 발령의 정당한 근거가 엿보이지 않았다. 노동위원회 사건에서 보복적 인사 조치로 분류되는 전형적인 사례처럼, 자진 사퇴를 유도하거나 미운털이 박힌 직원을 압박하는 수단으로 인사권을 남용한 듯한 느낌마저 들었다. 하지만 현모 씨는 그런 유형의 노동자가 아니었다. 그는 관계갈등을 일으키지 않고, 묵묵히 지시를 수행하며, 약간의 불이익도 참아내는 평범한 근로자였다. 회사는 특별히 보복할 이유가 없는 그를 단지 '만만한 근로자'로 판단했고, 그 결과 부당하고 비합리적인 인사 조치를 당하게 된 것이다.

　현모 씨는 발령받은 부서에서 재고조사부터 시작했다. 무엇이 있는지 알아야 수급을 조절할 수 있다는 판단에서였다. 인수인계를 받으며 어느 정도 가닥이 잡히는 듯했지만, 여전히 부족한 점이 많았다. 숙련자가 없고, 매번 낯설고 서툰 일을 반복하다 보니 그는 늘 "자신감이 없고 힘들다"는 말을 달고 살았다. 그는 반복되는 걱정과 상상 속 두려움으로 점점 더 불안해했다. 결국 업무상 스트레스가 신체적·정신적 이상으로 발현되었다. 17년 차임에도 잦은 업무 실수를 범했고, 그 책임과 부담감은 전문성 부족에서 비롯되었다. 사실 전문성이 없는 사람을 주무 담당자로 배치한 회사의 문제였지만, 현모 씨는 자기 탓을 하며 스스로를 옭아맸다.

　발령 후 한 달 동안 그는 전 담당자에게 카카오톡, 문자메시지, 전화로 자주 도움을 청했다. "이거 어떻게 신청하지?", "기안은 이렇게 하면 되나?", "무슨 소린지 모르겠어"라는 혼란이 반복됐다. 미흡하고 허둥지둥, 갈팡질팡하는 상황은 신입보다 못한 실수로 이어졌고, 굴욕감과 수치심을 느끼게 했다. 현모 씨는 '혹시 피해가 발생하면 책임은 모두 나에게 돌아온다'는 불안에 시달렸다. 현실에서는 금전적 책임이 발생하지 않지만, 그는 끊임없이 "혹시나, 만약에?"를 상정하며 벗어나지 못했다. 3회 연속 과장 승진 탈락 이후 일상은 무너졌고, 사람을 만나는 일조차 부담스러워졌다. 노력해도 달라질 것이 없다는 생각에 푸념만 늘어 웃음은 점점 사라졌다.

정신과 진료가 필요한 상태였지만, 가족과 동료, 지인 모두 이를 인식하지 못했다. 현모 씨 역시 자신이 단순히 능력이 부족해서 실패했다고 자책하며, "결국 과장 승진에서 탈락한 것은 나 때문이다"라는 잘못된 결론에 도달했다.

빗나간 자책

발령 후 현모 씨는 "그만두고 싶다", "점점 더 힘들다", "사표 쓰고 싶다"라는 말을 달고 살았다. 최선을 다했는데도 왜 이런 일이 벌어졌는지 이해할 수 없다며 괴로워했다. 한 달 전만 해도 그는 승진을 목전에 둔 인물이었다. 가족과 동료, 지인들까지 과장 승진을 확신했다. 그런데 하루아침에 낙오자 신세가 되어 자존감은 무너지고 모멸감이 곁을 떠나지 않았다. 현모 씨는 극심한 자괴감에 시달렸다. 승진 탈락은 본질적으로 사용자의 평가 영역이어서 부당함을 다투기 어려운 측면이 있다. 그러나 현모 씨는 인사 발령의 부당성을 문제 삼고 싸웠어야 했다. 맞서 싸우지 않고 그대로 승복한 순간, 그는 스스로를 낙오자라 여기는 잘못된 인증에 빠졌다.

발령 후 한 달 사이 그의 신체적·정신적 상태는 급격히 악화했다. 일상에서 웃음이 사라졌고, 작은 노력조차 무의미하게 느껴졌다. 평범한 일상, 잘 먹고 잘 자고 사람을 만나는 일의 소중함을 그제야 깨달았지만, 그 깨달음은 너무나 큰 대가를 치러 얻은 것이었다. 사망 전날, 그는 근무 중 부인에게 카카오톡을 보냈다. "일이 너무 힘들고 감당할 자신이 없다. 인사이동도 진급도 너무 부당하다. 더 이상 다닐 힘이 없다." 그리고는 친구들을 만나 술을 마시러 간다고 했다. 부인은 편히 마시고 오라며 위로했지만, 그가 끝내 버티지 못했다는 사실만 남았다.

현모 씨는 사표를 냄으로써 스스로를 '낙오자'라 규정하는 것이 두려웠을까, 혹은 그 선택을 하지 못할 만큼 상황에 갇혔던 걸까. 그는 사망 전날, 어린 시절부터 함께 자란 동네 친구들을 만났다. 마음속에 쌓인 말을 터놓아도 창피하지 않고, 서먹하지도 않은 사람들이었다. 그래서 찾은 자리였을 것이다. 친구들도 현모 씨가 힘들어하는 걸 알고 있었기에 늦은 밤까지 술자리를 이어갔다. 저녁 아홉 시쯤, 아이로부터 카카오톡 메시지가 도착했다. "내가 아주 많이 사랑하는 우리 아빠, 요즘 일 때문에 많이 힘들지? 아빠가 우리 가족 생각하면서 힘든 거만큼 또 힘냈으면 좋겠어. 오늘도 회식 때문에 힘들었을 텐데 고생 많았어. 아빠 지금 너무 잘하고 있으니까 조금만 더 힘내서 버텨줘. 사랑해."

초등학교 저학년이 보낸 것치곤 문장이 너무 매끄럽다. 아마 가족이 함께 마음을 모아 써 보낸 응원 메시지였을 것이다. 현모 씨는 부인에게 전화를 걸었다. "못난 모습 보여서 미안해. 행복하게 해줘야 하는데 못 해줘서 미안해. 인생 낙오자 같은 모습을 보여서 미안해." 그는 같은 말을 반복했다. 부인은 단호하게 말했다. "너무 힘들면 그만두고 다른 일 찾으면 돼."

친구와 가족의 진심 어린 위로가 있었지만, 현모 씨의 마음을 되돌리기엔 부족했다. 그의 고통, 정신적 이상 상태의 근원은 결국 업무상 스트레스 때문이었다. 주변 사람들 역시 "얼굴이 너무 초췌했다, 창백해 보였다"라고 입을 모았다. 동료들이 조금 더 관심을 기울였더라면, 당사자가 용기를 내어 도움을 청했더라면, 상황은 달라졌을까. 하지만 그는 끝내 회사를 그만두지 못했다.

현모 씨는 고혈압이나 당뇨 같은 지병도 없었고, 정신과 진료를 받은 적도 없었다. 인사 발령 이후 한 달 사이, 업무 스트레스는 그의 삶 전체를 잠식했다. 주변에 도움을 요청할 수 있을 정도의 행위 선택 능력도 없었다. 대법원도 이런 경우, 즉 극심한 업무 스트레스로 정상적인 판단 능력을 잃은 끝에 자살에 이른 상황이라면 업무와 사망 사이의 인과관계를 인정한다 ("근로자가 극심한 업무상의 스트레스와 그로 인한 정신적인 고통으로 우울증세가 악화되어 정상적인 인식 능력이나 행위 선택 능력, 정신적 억제력이 현저히 저하되어 합리적인 판단을 기대할 수 없을 정도의 상황에 처하여 자살에 이르게 된 것으로 추단할 수 있는 경우라면 망인의 업무와 사망 사이에 상당인과관계가 인정될 수 있고, 비록 그 과정에서 망인의 내성적인 성격 등 개인적인 취약성이 자살을 결의하게 된 데에 영향을 미쳤다거나 자실 직전에 환각, 망상, 와해된 언행 등의 정신병적 증상에 이르지 않았다고 하여 달리 볼 것이 아니다."2017. 5. 31. 선고 2016두 58840 판결).

현모 씨의 죽음 역시 그렇게 업무상 재해로 판정되었다. 인사 발령 후 한 달 동안의 변화 양상이 업무상 스트레스 때문에 발생한 것이고, 이상 상태의 발현과 급격한 악화가 현모 씨의 사망에 영향을 미쳤다고 판단한 것이다.

업무상질병판정서에 기록된 업무상 재해 인정 이유는 다음과 같다. "고인은 위 사업장에 입사 후 과장 승진 시험에 합격한 이래 자신보다 늦게 승진 고시에 합격한 직원이 과장으로 승진하는 상황에서 3차례 승진 누락을 겪었다. 이로 인해 동료 및 지인들에게 실망감과 괴로움을 토로한 사실들이 확인된다. 고인은 입사 후 주로 D 업무를 담당해오다 인사 발령을 통해 그간 접해보지 못한 E 업무를 총괄하게 되었는데, 당시 전문적인 교육이 이루어지지 않았던 것으로 보인다. 이전 근무자들 대다수가 교체된 상황에서 업무수행의 어려움을 호소했고, 사망 전 고인의 메시지 기록에서도 승진 및 인사이동에 대한 불만과 업무에 대한 어려움 등이 확인되는 점 등을 종합적으로 고려하면, 고인은 장기간 승진이 누락되는 상황에서 인사 발령이후 우울증세가 발생하여 정신적 이상 상태에서 자살한 것으로 판단된다. 따라서 고인의 사망은 업무와의 상당인과관계가 인정된다는 것이 참석한 위원들 다수 의견이다."

노동자는 사용자가 시킨 일을 무조건 따라야 하는 존재가 아니다. 그렇다고 스스로 해야 할 일을 판단하고 선택하는 것도 결코 쉽지 않다. 사용자의 지휘·감독 권한과 노동자의 자율성이 맞닿는 지점에서 갈등이 발생한다. 인사명령을 거부한다는 것은 사실상 퇴사를 각오한다는 의미로 받아들여질 수 있다. 실제로 회사를 그만둘 의사가 아니라면 인사명령을 거부하는 일은 쉽지 않다. 조직 내에서 고충처리 절차나 이의제기 통로가 마련되어 있다면 그나마 다행이다. 물론 그 과정을 거친다고 해서 결과가 달라진다는 보장은 없다. 그러나 중요한 점은 사용자라 하더라도 인사명령에 정당한 이유가 뒷받침되어야 한다는 것이다. 업무상 필요성이 분명히 인정되어야 하고, 동시에 노동자의 생활상 불이익을 최소화하기 위한 노력이 뒤따라야 한다.

동의를 얻지 못하더라도 충분히 납득시킬 수 있도록 사전에 설명하고 협의하는 과정은 반드시 필요하다. 현모 씨의 사례와 같은 비극을 방지하기 위해서다. 인사명령은 누군가의 경력을 바꾸는 차원을 넘어, 인생의 갈림길에 서게 하는 중대한 결정이 될 수 있다. 그렇기에 사용자는 인사권을 행사할 때 그 무게와 책임을 깊이 자각해야 한다.

6.　고졸 여사원이라는 족쇄

유니폼을 입은 여성 노동자들이 탕비실에 모여 커피를 탄다. 커피, 설탕, 크림의 비율은 각자의 취향에 따라 다르다. 오전 9시가 되면 이들은 일사불란하게 각자의 책상으로 커피를 나른다. 실내 흡연이 가능했던 시절이라 책상 위 재떨이까지 치운다. 토익 600점을 넘기면 대리가 될 수 있다는 설정 아래, 1990년대 중반 고졸 여성 노동자들의 일상을 다룬 영화[*]의 한 장면이다. 8년 차 '고졸 여사원'들은 '대리'로 승진하면 진짜 '일'을 할 수 있으리라는 꿈을 품고 영어 학원 토익 특강에 참여한다. 수업 시간마다 "We're not just studying English, we're changing our lives!"(우리는 단순히 영어를 공부하는 게 아니라 삶을

----

[*]　<삼진그룹 영어토익반>, 2020.

바꾸고 있다!)라고 외친다. 이들은 '직원'이나 '여직원'이 아니라, 늘 '고졸 여사원'이라 불렸다.

영화 속 배경에서 30년이 지난 지금, 성평등을 위한 노력이 사회 곳곳에서 이어지고 있지만 여전히 한계는 뚜렷하다. 그 시절의 분위기로만 끝났으면 좋았겠지만, 지금도 '고졸 여사원'이라는 용어가 통용되는 현실이 안타깝다. 성차별적 언어를 바꾸려면 우선 접두사 '여女'를 붙이지 않아야 한다. 굳이 여교사, 여의사, 여기자, 여직원, 여배우, 여군, 여경처럼 직업명 앞에 '여성'을 붙일 이유가 없다. 반대로 여성이 많은 간호 직종에서는 '남간호사'라는 말이 잘 쓰이지 않는다. 간호사는 그저 '간호사'일 뿐이기 때문이다.

'고졸=경리' 극복하기

자영 씨는 고등학교를 마치고 곧바로 취직했다. 또래보다 어린 나이에 직장 생활을 시작한 셈이다. 입사와 동시에 고졸은 5급 사원, 대졸은 4급 사원이 되고, 3급으로 승진하려면 4급으로 5~6년 일해야 한다. 자영 씨는 입사 6년 차에 4급으로 승진했다. 그동안 그는 줄곧 경리 업무만 맡아왔다. 4급 승진과 동시에 자영 씨는 경리에서 벗어나 고졸 최초로 F 부서로 발령받았다. F 부서는 회사에서 최상위 선호 부서 중 하나여서 동기들로부터 선망의 대상이 되었다. 자영 씨는 "이제 나는 고졸이 아니다. 4급 대졸자 신분이 되었다"라며 기뻐했다. 어느 때보다 성장 욕구와 인정 욕구가 치솟았다. 이제부터 5~6년만 더 일하면 3급 '대리'로 승진할 수 있다. 그때는 경리가 아니길 소망했다.

자영 씨는 당차고 일에 대한 욕심과 자신감이 강한 편이었다. 입사 초기에는 미처 생각하지 못했지만, 20대 중반을 넘어서면서 깨닫는 것이 있었다. 드러내놓고 하는 차별은 아니지만, 말로만 듣던 '상대적 박탈감'이 무엇인지 새삼 느끼기 시작한 것이다. 자영 씨보다 뒤늦게 입사한 대졸 사원이 자신보다 빠르게 3급으로 승진하는 모습을 여러 차례 지켜봤다. '상대적 박탈감'을 느끼면 자신의 상황이나 조건을 다른 사람과 비교하게 된다. 비교 대상에 자신이 못 미치면, 자신도 누렸어야 할 것을 빼앗긴 듯한 부족함을 느낀다. 그 결과 우울, 자존감 저하, 자괴감, 적대감, 좌절, 의욕 상실 등 부정적인 감정이 나타난다. 반대로 우위에 있다고 느끼면 상대적 만족감은 커진다. 자영 씨가 느낀 상대적 박탈감은 조직문화에서 비롯된 것이다.

자영 씨는 악착같이 시간을 쪼개 4년제 야간대학을 다녔다. F 부서 발령 후 2년이 지난 2020년, 그는 학사 학위를 취득했다. 어제보다 오늘 더 성장할 기회를 잡았다고 느꼈다. 자영 씨의 목표는 '고졸=경리'라는 회사 내 편견을 넘어, '고졸 여사원'이라는 틀을 극복하는 것이었다. 고졸 4급에 경리를 맡기는 건 당연하고, 대졸 4급에 경리 일을 시키긴 미안해하는 분위기를 견디기 싫었다. 그러나 학사 학위를 취득했다고 해서 회사 안에서 자영 씨의 사회적 신분이 '고졸'에서 '대졸'로 바뀌는 것은 아니었다.

자영 씨는 '나의 2030년 인생계획'을 메모장에 꼼꼼히 적었다. 2030년, 30대 중반의 자영 씨는 해외 지사에서 근무하는 과장이 되어 있다. 대학원도 마쳤고, 해외 근무가 가능할 정도로 영어 실력도 갖춘 '프로 일잘러(일 잘하는 사람)'로 성장해 있다. 자기만의 심지가 있어 흔들리지 않고, 성별과 나이에 구애받지 않으며, 새로운 경험에 주저하지 않고, 삶을 즐길 줄 아는 명랑한 사람이다. 자영 씨는 인생 목표에 도달하기 위해 2024년 회복과 적응의 시기를 거쳐, 2025년에는 할 말 다 하는 '멘탈 갑'의 외유 내강 소유자로 성장할 계획이었다. 메모장에 빼곡히 적힌 문구들은 결국 자영 씨 사망과 업무상 스트레스 요인의 키워드가 되었다. 자영 씨에게 2025년은 오지 않았다.

연속된 기피 부서 발령

자영 씨는 3년 동안 F 부서에서 근무하며 "일을 잘한다"는 평가를 받았다. 어려운 일이나 프로젝트를 해냈을 때 남다른 성취감을 느꼈고, 칭찬도 자주 받았다. 다음 발령지에선 단순, 반복적인 경리 업무가 아닌 기획, 개발 등 '일다운 일'을 해보고 싶었다. 충분히 실력도 갖췄고, 긍정적인 평가도 받았다고 생각했다.

그러나 사망 2년 전, 자영 씨는 회사 내에서 기피 부서로 소문난 G 부서로 발령 났다. 그리고 다시 경리 업무를 맡았다. G 부서는 40~50대 남성만 모여 있는 곳이었다. 자영 씨는 '일을 못 하는 사람들을 모아놓은 곳'에 자신이 보내졌고, '나 역시 별로'라고 생각하며 좌절했다. 더군다나 일부 부서원은 서류 복사 같은 잡무까지 강압적으로 지시했다. 부당한 요구에 거세게 항의했지만, 부서원들이 더 고압적인 태도를 보이며 관계 갈등이 깊어졌다.

자영 씨 발령 전에 G 부서에서 근무했던 동기는 "더러워서 그냥 한다"라는 심정으로 억지로 일했다고 했다. 전임자와 비교당하며 구박을 받자, 자영 씨는 그 동기가 원망스럽기도 했다. G 부서에서 근무한 지 10개월가량 지나, 자영 씨는 생애 처음으로 정신과 치료를 받기 시작했다. 진료 기록에는 이렇게 적혀 있었다. "내가 모르는 것을 질문하면서 지적하고 훈수를 두어 불안해진다. 심장도 두근거리고 얼굴도 빨개지고 목소리도 떨린다. 요즘 이런 일이 자주 있다. 원래 티를 잘 내지 않았는데, 불안하고 떨리면 대화 중에 공격적이 될 때도 있다. 여기서 일하고 3개월에 한 번 정도는 큰 싸움이 있었던 것 같다."

자영 씨는 '사회공포증'과 '상세 불명의 우울 에피소드' 진단을 받고 약물치료를 시작했다. 무시당하는 것이 일상이 된 자영 씨는, 인생 목표에서 멀어진다는 불안감과 함께 무력감까지 느꼈다. 비록 무급이지만, 다행히 1년 동안 쉴 수 있는 자기개발휴직 제도가 있었다. 지난 10년 동안 쉼 없이 달려온 청년기를 되돌아보며 숨 고르기가 필요했다. 자영 씨는 어학연수를 떠났고, 상병 상태도 호전되었다. 복직에 대한 초조함과 불안, 두려움도 있었지만, 신입의 마음가짐으로 다시 시작하고 싶었다. 최소한 자신이 지원한 곳에 갈 수 있다는 자신감으로, 다시 경리를 맡을 수 있는 부서로 복직을 신청했다. 두근거리는 기분 좋은 긴장감을 안고 발령을 기다렸다.

아예 경험이 없던 새로운 부서로 발령받을 수도 있다고 각오했지만, 실제로 배정된 곳은 최악이었다. 회사 내 최상위 기피 부서로 평가되는 H 부서였다. H 부서에서 2년 버티는 사람은 어느 부서든 갈 수 있다고 할 정도로 악명 높은 곳이다. 담당 업무 전문성과 고객 응대, 전화 통화 등 높은 직무 요구도가 필요한 부서였다. 심적 부담과 압박감이 컸지만, 어차피 새롭게 시작한다고 마음먹은 상황이라 버겁더라도 이겨내겠다고 다짐했다.

자영 씨는 지난 10년 동안 H 부서 업무를 접해본 적이 전혀 없었다. 발령 후 이틀 동안 신규 전입자 교육을 받았을 뿐, 업무와 관련된 용어조차 생소했다. 실전에 투입되기 전에 충분한 적응 기간이 필요했지만, 부서장과 팀장은 자영 씨에 대한 지원을 전혀 고려하지 않았다. 팀장에게 질문하거나 도움을 요청하면 "10년 차가 아직도 이것도 모르냐", "그런 일 정도는 스스로 해야 한다", "다른 동기들 봐라, 각자의 자리에서 자기 몫을 하고 있다"라는 핀잔만 돌아왔다. 반복된 타박에 자영 씨는 모멸감을 느꼈고, 심리적으로 위축된 데다 부담과 압박감이 가중되었다. 그때부터 마음속에는 "나만 모른다, 나만 못한다"라는 자책이 자리 잡기 시작했다.

H 부서에는 체계적인 업무 지원 시스템조차 없었고, 이는 자영 씨의 업무상 스트레스를 크게 키우는 요인이었다. 결국 자영 씨는 생존을 위해 '동료 찬스'에 의지할 수밖에 없었다. 발령 전 H 부서에서 근무했던 동료와 친분이 두터워 이것저것 배웠고, 옆자리에 앉은 동료에게도 도움을 받았다. 새로운 일이 배정되면 동료에게 묻고 꼼꼼히 메모하며 하나씩 처리했다. 수시로 메시지를 주고받고, 직접 만나 확인하기도 했다. 그러나 사소한 것까지 일일이 물어야 하는 상황이 지속되자 자존심이 상했고, 동료의 시간을 빼앗는 것 같아 미안한 마음마저 들었다. 동료보다 뒤처진다는 생각에 괴로웠지만, 동료들의 도움에 기대며 열정과 의지로 2월과 3월을 버텼다.

사망 한 달 전인 4월 중순, 부서장과 팀장은 자영 씨에게 추가 업무를 배정했다. 원칙상 부서는 접수된 사건을 서류 심사해 처리하고, 필요할 경우 고객과 통화하거나 대면 업무를 진행한다. 접수되는 사건 중 회사와 회사 간의 일은 각 회사에서 담당하므로 비교적 수월하다. 그러나 개인 간의 분쟁은 보완해야 할 서류가 많고, 심한 갈등이 대부분이라 통화 상대가 공격적이거나 흥분한 상태인 경우가 잦다. 이런 개인 간 분쟁 사건은 난이도가 높은 업무로 분류돼, 보통 최소 6개월의 업무 적응 후 배정받는 것이 일반적이다. 자영 씨가 사망한 뒤 한 선배는 이렇게 말했다. "해당 업무를 처음 맡고 3개월쯤 지난 시점에 추가로 배정된 일은 더 어렵고 민원성이 큰 업무였다. H 부서 안에서도 피하고 싶어 하는 일이다. 그 업무에 적응하려면 최소한 6개월은 필요하다. 그런데 복직 후 3개월도 지나지 않은 직원에게 이 업무를 추가한 것은 문제다."

그 후 자영 씨의 신체적·정신적 이상은 다시 악화했다. 사망 한 달 전, 그는 정신과에서 이렇게 털어놓았다. "분쟁과 관련해 계속 조정해야 하는 일이라 감정 소모가 크다. 일이 잘 숙달되지 않으니 짜증 나고 답답하다. 특히 전화할 때 감정노동이 심하다. 악성 민원도 자주 있고, 소리치거나 화내는 사람도 많다. 나만 못하는 것 같아 더 힘들다. 스스로 해결 방법이 떠오르지 않아 걱정이 많다."

월급 받는 죄인

사망 한 달 전부터 자영 씨는 자신을 '자책충'이라고 불렀다. 점차 자신감을 잃고 소심해진 그는 "업무를 잘 모르는 것 같다. 나만 빼고 다 잘하는 것 같다. 부서장, 팀장이 매일 일을 떠넘겨서 미칠 것 같다. 나는 쓰레기다. 무슨 말인지 하나도 모르겠다. 나아지는 게 없다"라는 등 심한 자책과 자괴감, 무력감, 낙담을 자주 토로했다.

새로 배정받은 사건들을 처리하는 데는 통화가 필수적이었다. 돈이 걸린 문제였고, 통화하며 즉각적인 판단을 내려야 할 때가 많았다. 사건을 충분히 이해하고 논리적 근거를 갖추면 상대가 쉽게 수긍하지만, 자영 씨는 전화 응대에 서툴러 벨 소리만 들어도 흠칫 놀랄 정도로 전화 공포Call phobia를 호소했다. 부서장과 팀장에게 판단을 요청해도 돌아오는 말은 "알아서 해라"뿐이었다. 자영 씨와 동료들의 메신저에는 "전화가 미친 듯이 오는데 너무 혼란스럽다, 딱 잘라 말하지 못해서 사건을 처리하지 못하니까 답답하다"처럼 전화 공포와 극심한 스트레스를 호소하는 메시지가 남아 있었다. 이 무렵 동기들이 기억하는 자영 씨는 늘 주눅 들어 있었다. 정신과 기록에도 다음과 같은 호소가 남아 있다. "하기 싫어서 미루게 되고 짜증이 난다. 스트레스가 심한 상황이다. 답답하고 일이 숙달되지 않아 힘들고, 논리적으로 대응하지 못하니 자괴감이 크다. 그래서 일 처리가 더 오래 걸리는 것 같다."

그 와중에 누구보다 믿고 의지했던 같은 팀 동료가 4월 중순부터 말까지 2주 동안 직무연수 참석으로 자리를 비웠다. 옆자리 동료가 없는 동안 자영 씨는 간신히 버텼지만, 일 처리가 지연되며 사건이 점점 쌓였다. 그는 "눈치가 보인다, 밥값을 못해 미안하다"라는 말을 자주 했다. 옆자리 동료는 이미 H

부서에서 1년 6개월을 근무했으니, 직접 비교할 필요가 없는 사람이었다. 그런데도 자영 씨는 "이래서 대졸이 대단한 것 같다. 난 발끝도 못 따라간다"라며 극심한 업무 스트레스를 호소했다. 사망 일주일 전 다른 팀장을 만났을 때도 "월급 받는 게 죄스럽다"라는 말을 했다. 지난 3개월 동안 지켜본 팀장이 "잘하고 있다"라고 자영 씨를 격려했지만, 그는 스스로 민폐를 끼친다고 생각하며 고통스러운 표정을 지었다. 자신이 다른 사람들에게 짐이 된다고 믿은 자영 씨는 무기력하고 무능해 차라리 죽는 것이 낫다는 왜곡된 사고에 점점 사로잡혔다.

사망 3주 전부터는 잠을 제대로 자지 못하고, 새벽에 자주 깨며 지각이 늘었다. 복직 후 일찍 출근하던 루틴도 무너져 택시를 타고 허겁지겁 출근하는 일이 잦아졌다. 깜빡하는 실수가 늘었고, 업무에 대한 판단력도 흐려졌다. 스트레스성 폭식도 심해져 배가 불러도 계속 먹고 간식을 쌓아두었다. 몇 주 사이에 체중이 5킬로그램 늘었다. 자영 씨는 복직하면서 오랜 꿈이던 독립을 이뤘다. 오피스텔을 얻어 아기자기하게 꾸미고 엄마의 잔소리에서 벗어나 자유를 만끽했지만, 기쁨은 오래가지 못했다. 혼자 생활하는 동안 일상의 리듬이 완전히 깨진 것이다. 사망 일주일 전에는 심화 교육 참석 통지를 받았다. 하루 동안 진행되는 집체 교육이었지만, 그는 "기초도 모르는데 무슨 심화 교육이냐"라며 극심한 부담감과 압박감을 느꼈다. 교육을 마친 뒤에는 "다른 직원들은 질문도 잘하는데 난 너무 창피하다"라고 토로했다.

두 가지 시선

사망 전까지 자영 씨는 누적된 업무에 대한 압박과 부담이 점점 심해졌다. 회사를 그만둘 생각도 했고, 차라리 예전처럼 경리 업무로 다시 돌아가는 것이 낫지 않을까 하는 생각도 했다. 그런 상황을 전혀 살피지 않은 팀장은 사망 3일 전 무심코 한마디를 던졌다. 그날 점심, 팀원 전체 회식 자리에서 "자영 씨는 다른 팀으로 가는 게 좋을 것 같다"라고 말한 것이다. 팀장이 전체 팀원들 앞에서 공개적으로 한 발언에 자영 씨는 극심한 모멸감을 느꼈다. 그는 동기에게 "버림받았어. 일 못 하니까 가래"라는 메시지를 보냈다. '고졸=경리'를 극복하기 위해 숨 가쁘게 살아온 지난 10년간의 노력이 모두 헛수고로 느껴졌다. 자영 씨는 자신이 여전히 사회적 신분상 '고졸'에 머물러야 한다는 현실을 직감했다. 그것이 자영 씨 사망의 방아쇠가 되었다고 생각한다.

사망 2일 전 동기와 선배는 자영 씨에게 따로 연락해 점심을 같이 먹었다. "무엇 때문에 그렇게 힘드냐?"라고 묻자, 자영 씨는 "업무가 잘 안 풀린다. 돈을 지급해야 할지를 결정해야 하는데 상사가 결정이나 판단을 전혀 해주지 않는다"라고 답했다. 이어서 "내가 일을 못해서 그런 거다"라고 말했고, "죽고 싶다"라는 말을 반복했다.

사망 이틀 전, 자영 씨는 동기와 저녁 식사를 함께했다. 주변 사람들이 자영 씨의 이상 상태를 감지하고 일부러 식사 자리를 자주 마련할 때다. 동기는 "마지막으로 만났을 때 상태가 상당히 좋지 않았다. 얼굴이 멍든 것처럼 보라색이었고 눈이 많이 풀려 있었다. 어떤 대화를 하더라도 '죽고 싶다'라는 말로 끝날 정도였다. 회사에서 자신이 부족하고 한심하다며 푸념을 늘어놓았고, 복직 전과는 전혀 다른 사람처럼 보였다"라고 기억했다. 사망 하루 전에는 엄마와 산책과 쇼핑을 하고 영화 관람도 했다. 오랜만에 만난 모녀는 온종일 즐겁게 지냈다. 평소와 다른 모습이 느껴지지 않을 정도였다. 자영 씨는 며칠 뒤 휴가를 내고 옷을 함께 정리하자며 즐겁게 엄마와 헤어졌다.

다음 날 자영 씨는 출근하지 않았다. 회사 관계자가 자택을 찾았을 때는 이미 숨진 상태였다. 소식이 전해지자, 일부는 고졸 여사원이 젊은 나이에 우울증이 심해져 사망했다고 말했다. 또 다른 일부는 복직 후 원치 않는 부서 발령, 업무 지원 시스템 부재, 과도한 업무상 스트레스가 원인이라고 말했다.

자영 씨 사망을 둘러싼 책임 문제는 사내에서 직급 간 의견 차이를 보이며 세대 갈등의 양상으로까지 번졌다. 사원, 대리급의 비교적 젊은 사원들은 자영 씨의 사망 원인이 업무상 스트레스에 있다고 봤지만, 과장급 이상에선 누구나 하는 일상적인 업무였다며 이를 부인했다. 업무와의 관련성을 부정하고 개인적 사유에서 사망 원인을 찾는 경향은 오랜 기간 고졸 사원을 대하는 조직적 태도나 문화가 반영된 결과로 보인다. 고졸 사원에 대한 무의식적 차별이 여전히 존재함을 짐작할 수 있었다.

자영 씨의 진료 기록, 카카오톡 문자 메시지, 메모장, 노트북 등 산발적으로 흩어진 자료를 확보했지만, 복직 후 변화를 확인하기에는 역부족이었다. 결국 자영 씨의 동기와 선배, 복직 후 곁에서 지켜본 이들의 적극적인 진술이 필요했다. 노동조합을 통해 도움을 요청하자 모두 흔쾌히 나서 지원을 아끼지 않았다. 이들이 제공한 사내 메신저 기록을 확인하는 순간, 이 사건은 단순히 우울증이 심해진 젊은 여성의 사망이 아니라는 확신을 얻을 수 있었다.

자영 씨 사건이 업무상 재해로 인정된 뒤, 도움을 준 이들에게 직접 전화를 걸었다. 그들은 내게 "거의 1년 가까이 마음속에 남아 있었고, 생각날 때마다 힘들었다"라고 털어놓으며 안도했다. 나는 "이제 마음의 짐을 내려놓으셔도 됩니다"라고 위로했다.

업무상질병판정서에는 이렇게 기록됐다. "고인이 기피 부서로 발령받았음에도 체계적인 교육의 부재 등으로 업무 적응에 힘들어 한 것이 확인되는 점, 업무 부담이 확인되는 점, 자해행위 직전 공개적으로 타 부서 전출을 통보받은 점, 과거 최초 기피 부서에서의 직원들 간의 갈등이 일부 확인되는 점 등을 종합적으로 고려할 때, 고인의 사망과 업무와의 상당인과관계가 인정되는 것이 참석한 위원들의 다수 의견이다."

이 사건은 개인 간의 갈등이 아니라, 조직이 만들어낸 차별의 구조에서 비롯된 비극이었다. '고졸 여사원'이라는 낙인은 단순한 학력 구분이 아니라, 여성 노동자를 보조 인력으로 한정하고 경력의 통로를 차단하는 인사 제도의 언어였다. 특히 인사권이 소수 관리자에게 집중되어 있고, 그 과정이 불투명할수록 구성원은 부당한 처우나 차별적 대우에 대해 문제를 제기하기 어렵다. 이런 조직문화를 바꾸는 일은 단지 감정적 위로가 아니라, 학력·성별에 따른 직무 배치와 승진 구조를 재검토하고, 인사 과정의 투명성과 책임성을 확보하는 일이어야 한다. 조직이 구성원의 존엄과 평등을 보장하지 않는다면, 그곳의 인사권은 언제든 폭력이 될 수 있다.

2부

무너지는 자리:
일터에서 견디다, 쓰러지다

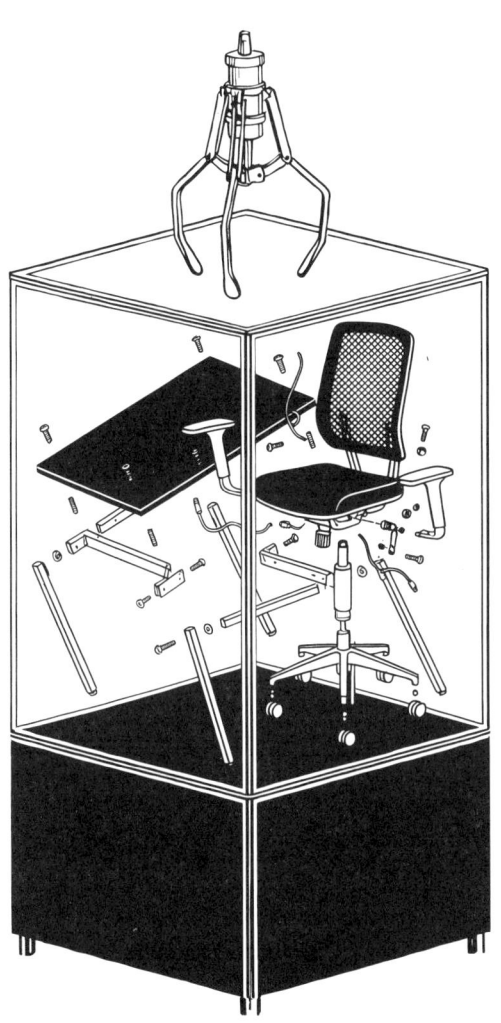

1. 부실 채권과
과로의 벼랑 끝에서

상훈 씨는 25년 이상 사무직으로 일했다. 그중 10년 넘게 I 사업장 관리책임자를 맡으며 회사 내 서열 4~5위에 해당할 만큼 핵심적인 위치에 있었다. 이 사업장이 여러 사업을 운영했고 규모도 컸던 만큼 상훈 씨는 회사의 대들보 역할을 톡톡히 했다. 주요 생산품은 한 협력사의 창고에 보관되었고, 판매와 유통은 협력사가 직접 담당했다. 협력사는 판매 후 대금을 I 사업장에 지급하는 방식으로 긴밀한 협력 체계를 유지했다. 두 회사의 관계는 20년 넘게 이어졌고, 대표가 바뀐 후에도 변함이 없었다. 연간 유동자금만 해도 100억 원을 훌쩍 넘는 규모였다.

상훈 씨는 관리책임자로 부임한 직후 협력사 재무구조를 면밀히 분석했다. 안정적인 협력관계 유지를 위해 협력사 사장과 협의해 창고의 부동산, 동산 등에 약 90억 원 규모의 담보를 설정했다. 협력사의 사업 규모를 고려할 때 적절하고 선제적인 조치였다. 실제로 협력사 사장은 문제없이 판매·유통과 대금 지급을 해왔고, 두 회사는 오랫동안 평화로운 사업 관계를 이어갔다. 그러나 어느 날, 협력사 사장이 지병으로 갑자기 세상을 떠나면서 상황이 급변했다. 바로 그때부터 상훈 씨의 삶은 무너져 내리기 시작했다.

부실 사태의 책임

협력사 사장이 사망하기 전, 창고에는 대형트럭이 연이어 드나들었다. 물량이 외부로 빠져나간다는 것은 곧 판매 대금이 입금된다는 뜻이었다. 그러나 며칠이 지나도 대금은 들어오지 않았다. 건강이 좋지 않다는 이야기는 들었지만, 죽음에 이를 정도로 위중하리라곤 예상하지 못했다. 갑작스러운 협력사 사장의 사망은 모두를 혼란에 빠뜨렸다. 20년 넘게 이어져 온 협력 관계를 생각해 상훈 씨는 장례식 내내 빈소를 지키며 물심양면으로 도왔다. 하지만 장례가 끝난 직후, 협력사 사장의 사모는 태도를 바꾸며 상속 포기를 언급했다. 드러난 부실채권 규모는 약 140억 원. 예기치 못한 사태는 청천벽력과 같았다. 관리책임자 개인이 감당할 수 있는 수준을 한참 넘어서는 일이었다.

상훈 씨는 실무자와 함께 창고를 점검했다. 불과 며칠 전까지 물건으로 가득했던 창고는 텅 비어 있었다. 다녀간 대형 트럭만으로 창고가 빌 정도는 아니었기에 믿기지 않았다. 그럼에도 회사 대표와 임원들은 상훈 씨에게 부실채권 회수 압박을 가했다. 상훈 씨는 백방으로 뛰며 사모를 설득했다. 부실 사태를 해결할 가장 현실적인 방법은 신속한 자금 회수였다. 심리적 압박감은 상상할 수 없는 수준이었다. 경영 전반의 책임은 당연히 회사 대표에게 있지만, 그는 시종일관 책임을 피하려고만 했다. 결국 협력사 사장 사망 10여 일 뒤, 상훈 씨의 노력으로 사모가 20억 원을 상환했다. 그래도 여전히 120억 원이 남아 있었다.

누군가는 그 책임을 져야 했다. 상훈 씨는 이 사태의 책임은 자신에게 있다고 선을 그으며 실무자들을 보호했다. 실무자들은 "관리책임자가 횡령했습니까, 뇌물을 받았습니까? 아니잖아요. 절차상의 책임만 인정하면 될 일입니다. 모든 책임은 대표에게 있는데 왜 겁을 내십니까?"라며 그를 위로했다. 그럼에도 회사 안팎의 시선은 냉혹했다. 전직 대표가 나서서 현직 대표에게 형사적 책임을 물어야 한다며 횡령과 배임 혐의를 거론했다. 부실 사태 해결을 촉구하는 여론도 거세졌다. 관리책임자라는 이유만으로 상훈 씨는 자유로울 수 없었다. 그는 결국 "사태가 어느 정도 정리되면 사표를 내겠다. 창피해서 이곳에 더는 있을 수 없다"라고 말하며 자책했다.

대표는 상훈 씨에게 해결 방안을 모색하라고 압박할 뿐, 실제로는 소극적인 태도를 보였다. 그는 슬그머니 뒷전으로 물러서며 사태를 상훈 씨의 관리 부실 문제로 몰아갔다. 평상시 협력사의 대금 납부 시기나 규모와 관련한 협의는 대표가 협력사 사장과 직접 진행했다. 전무, 상무, 이사들도 대표와 협력사 사장이 오랜 기간 막역한 사이였다는 것을 잘 알고 있었다. 실제로 상훈 씨의 역할은 판매·유통량과 대금 회수 결과를 정리하는 수준에 불과했다. 협력사 사장의 사망 전에도 대금 회수가 늦어지는 경우는 있었지만, 큰 문제는 없었다. 실질적인 총괄 관리는 대표가 직접 담당했다고 봐도 무방했다. 그러나 대표는 비겁하게 책임을 회피했고, 임원들은 그 뒤에 서서 상훈 씨에게 자금 회수 압박 수위를 높여갔다.

　　상훈 씨는 회계사와 변호사 등 전문가들을 만나 협력사가 제공한 담보물 가치를 확인했다. 창고에 남아 있는 생산품과 보증보험을 고려해, 효과적인 해결 방안을 찾아냈다. 그는 '대표에게 드리는 서신'을 꼼꼼히 작성했다. 일시적으로 약간의 손실이 발생할 수는 있으나, 협력사를 회사가 직접 인수하는 방안이 가장 유력한 해결책이라고 제시했다. 현재 협력사 인력을 활용해 창고 관리와 판매·유통을 직접 운영하면, 올해 사업 운영에도 최소한의 차질만 발생할 것으로 판단했다. 담보물과 보증보험을 합산하면, 120억 원가량이었던 부실채권을 거의 발생시키지 않을 수 있는 상황이었다. 대표는 상훈 씨의 인수 방안을 검토한 뒤 적극적으로 수용하겠다는 의사를 밝혔다. 곧바로 이사회를 소집해 인수 안건을 상정했다.

이사회에서 상훈 씨는 절박한 심정으로 협력사 인수 방안을 구체적으로 설명했다. 그러나 임원들은 담보물 가치가 지나치게 높게 평가되었다며 회의적인 반응을 보였다. 특히 전직 대표와 각별한 사이였던 한 이사는 인수에 반대하는 입장을 적극적으로 표명했다. 결국 인수 안건은 '보류'로 결정됐다. 이사회가 끝난 후, 대표는 상훈 씨에게 더 효과적인 방안을 마련하라고 지시하면서 동시에 최대한 자금을 회수하라는 압박을 가했다. 이사회 전에는 인수 방안에 동의했던 대표가 돌변하자, 상훈 씨는 심한 배신감을 느꼈다. 관리 소홀에 대한 과도한 책임까지 상훈 씨에게 전가되었고, 부실 사태 책임 공방은 급기야 전직 대표와 현직 대표 간의 경영권 분쟁으로 이어졌다. 그 한가운데 상훈 씨가 놓여 있었다. 이는 상훈 씨 사망 열흘 전의 일이었다.

상훈 씨는 부실채권 사태로 극심한 불안과 두려움, 압박감과 부담감, 좌절감, 자책, 우울감 등 신체적·정신적 이상 상태를 보였다. 이사회에서 한없이 작아진 상훈 씨는 부인에게 "예상은 했지만 심하네. 어찌 됐든 다니면서 풀어갈 수밖에 없으니 힘들어"라는 문자메시지를 보냈다. 이어서 "옆에서 지켜줘서 정말 고마워"라고 덧붙였다. 힘겨웠지만, 상훈 씨는 버티기 위해 끝까지 안간힘을 썼다.

기로에 서다

회사에서는 알 만한 사람들은 아는 공공연한 비밀이 있다. 사실 상훈 씨는 10년 전 자살을 시도한 경험이 있었다. I 사업장은 10년 전에 신축되었고, 상훈 씨는 그때부터 사업장 관리 책임자를 맡았다. 그러나 준공이 지연되고 사업에 차질이 발생하면서 그는 엄청난 압박을 받았다. 관리책임자 발령 자체가 상훈 씨에게는 큰 부담이었다. 자신이 회사 내 서열 4~5위에 오를 만큼 능력이 있지 않다고 여겼다.

당시 진료 기록에는 "일하면서 주위 사람들 눈치를 계속 보게 된다. 하고 싶은 말을 하지 못한다. 사직서를 내면 마음이 편해질 것 같다"라고 적혀 있다. 상훈 씨는 '적응장애'와 '중증도 우울에피소드' 진단을 받고 정신과에 입원해 치료받았다. 과도한 책임 압박으로 인한 극심한 업무 스트레스로 우울감을 느낀 끝에 자살을 시도했지만, 다행히 치료를 잘 받았고 회복 후 사업장 관리책임자 역할을 충실히 수행했다. 이후 부실 사태가 발생할 때까지 10년이 넘도록 정신과 진료를 받지 않았다.

협력사 사장의 갑작스러운 사망으로 힘든 나날을 보내면서 40여 일 동안 정신과를 찾아갈 시간적 여유도, 자신을 돌볼 마음의 여유도 없었다. 전현직 대표 간의 경영권 분쟁으로 변질된 사태는 상훈 씨를 벼랑 끝으로 몰았다. 그는 더욱 심한 눈치를 보며, 금전적 책임이 자신에게 돌아오지 않을지 걱정했다. 가족에게 경제적 영향이 미칠까 봐 조바심이 깊었고, 사직서를 품 안에 지니고 다니며 부실 사태가 어느 정도 해결되면 회사를 떠날 계획을 세웠다. 무엇보다 가장 큰 두려움은 구상권 행사였다. 관리책임자라는 이유로 손실에 대한 책임을 벗을 수 없다고 생각했기 때문이다. 사망 사흘 전, 이사회가 다시 열렸지만 결과는 똑같았다. 대표와 임원들은 상훈 씨에게 책임 추궁만 할 뿐이었다. 헤쳐 나갈 방도는 전혀 없었다.

전전긍긍하며 골머리를 앓던 그때 갑자기 전직 대표로부터 연락이 왔다. 상훈 씨 사망 전날의 일이다. 약속 장소에 도착하자 인수 방안을 적극적으로 반대했던 이사가 함께 있었다. 전직 대표는 "현 대표가 사태를 최대한 책임지게 하겠다. 직원은 내가 반드시 보호한다. 그러니 편하게 말해 보라"라고 말했다. "넌 살려줄 테니 내부고발을 하라"는 회유였다. 전직 대표는 현직 대표의 비리 자료를 확보하도록 지시했다. 그는 몇몇 사람을 모아 현 대표를 상대로 업무상 횡령·배임 고발장을 접수할 계획이었다. 이를 위해 협력사 사장과 현 대표의 유착 관계, 또는 의혹을 제기할 수 있는 구체적인 자료가 필요했다. 한편, 회사의 부실채권 사태는 이미 언론에 여러 차례 보도되었으며, 대표는 "잘 해결되고 있다"라며 사태를 무마하고 있었다.

상훈 씨는 현 대표와 전 대표 중 어느 편에 설지 결정해야 하는 갈림길에 섰다. 전직 대표 앞에서 상훈 씨는 울부짖었다.

"제발 구상권 행사만 막아주세요. 저 좀 살려주세요. 대표의 개 노릇을 10년이나 했잖아요. 이제 그만두고 싶습니다." 전직 대표는 자신의 손을 붙잡고 눈물 흘리는 상훈 씨에게 "나약한 모습 보이지 마라, 내가 살려준다고 장담하니 걱정하지 말라" 라고 말했다. 궁지에 몰린 상훈 씨는 결국 현 대표를 버리고 전 대표를 선택했다. 전직 대표와 헤어진 뒤, 상훈 씨는 하염없이 걸었다. 술을 꽤 마셨지만, 취기가 오르지 않았다. 가을밤 차디찬 바람에 몸이 떨렸지만 계속 걸었다. 감당할 수 없는 일을 시켜놓고 나에게만 책임을 묻는 상황이 너무도 가혹하다고 느꼈다. 그리고 다음날 끝없는 어둠 속으로 들어갔다.

선택의 갈림길에서 추궁하듯 내부고발을 종용했던 전직 대표는 장례식이 끝난 후 유족에게 연락했다. 자기 행동을 반성한 것인지, 사망 하루 전에 있었던 상황을 상세히 털어놓았다. 유족은 이 대화를 녹음했으며, 이는 이 사건의 중요한 입증 자료로 쓰였다.

묵묵히 일한 죄

부실 사태 발생 후 사망까지 40여 일 동안, 상훈 씨는 단 하루도 편히 잠든 적이 없었고 식사량도 급격하게 줄었다. 구내식당이 있었지만, 다른 직원들을 만나는 게 창피하다며 식사를 거르는 경우가 늘었다. 힘을 내보려 밥을 먹었다가 구토하는 일이 반복되기도 했다. 바지가 헐렁해져 허리띠를 꽉 조이지 않으면 흘러내릴 정도로 체중이 감소했다. 입술은 부르트고, 목소리에 힘이 없었으며, 전반적으로 무기력한 모습이 뚜렷했다. 그는 사망 사흘 전 이사회를 마친 뒤, 멍한 눈으로 실무자에게 말했다. "다 꿈같아. 난 묵묵히 일한 죄밖에 없는데."

가정에서도 늘 근심하며 불안, 두려움, 초조함 등의 증세를 보였다. "대표가 제발 나를 그만 놔줬으면 좋겠어"라며 울기도 했고, 평소 자랑하던 자녀가 좋은 성적을 거뒀다는 소식에도 별다른 반응을 보이지 않았다. 사망 당일 아침, 출근한다며 일찍 집을 나섰지만 결국 출근하지 않았다. 경찰은 사업장 인근에서 싸늘한 주검이 된 상훈 씨를 발견했다.

대법원은 자살한 노동자가 심리적으로 취약했다고 해도, 그것만으로 자살과 업무 사이에 관련이 없다고 판단할 근거는 되지 않는다고 보고 있다("우울증으로 치료받은 구체적인 병력이 없다거나 망인의 성격 등 개인적인 취약성이 자살을 결의하게 된 데에 영향을 미쳤다고 하여 이를 이유로 망인의 업무와 자살 사이에 상당인과관계의 유무를 달리 판단할 것은 아니다." 대법원 2015. 1. 15. 선고 2013두7230 판결 등 참조). 정신질병을 얻은 사건의 경우 진료기록과 임상 증상, 임상 심리검사 등을 통해 정신질병의 진단 기준에 부합하는 상병이 확인되어야 한다. 반면 자살 사건은 상훈 씨처럼 사망 직전 정신과 진료를 받지 않아 명확한 의학적 소견이 없는 사례도 존재한다. 그러나 이 경우에도 사망 직전 신체적·정신적 이상 상태, 표정, 말투, 행동 변화를 토대로 정신질병 상병을 추정할 수 있다.

상훈 씨 사건의 대리인이 되어 만난 유족은 갑작스러운 일에 감정이 북받쳐 이성적 판단이 어려운 상태였다. 이때 대리인이 함께 흥분할 순 없기 때문에 지나치게 감정 이입을 하지 않도록 애쓰며 내 판단의 타당성을 계속 점검했다. 자해행위는 신체적·정신적 이상 상태가 업무상 스트레스와 얼마나 관련이 있는지 살펴, 타당한 이유가 있는 경우에 한해 예외적으로 업무상 재해로 인정된다. 따라서 업무상 스트레스 요인을 구체적으로 검토하는 것이 무엇보다 중요했다.

상훈 씨는 갑자기 발생한 거액의 부실채권과 관련한 책임, 회수 압박, 내부고발 종용 등으로 인해 극심한 심리적 압박과 정신적 스트레스를 견디지 못하고 스스로 목숨을 끊었다. 10년 전 자살 시도 경험을 들어 자살을 개인적 취약성 탓으로 보는 견해도 있었으나, 과거와 유사한 업무상 스트레스를 다시 겪은 것이 정신이상 상태 발현에 영향을 미쳤다고 볼 수 있었다.

업무상질병판정서는 다음과 같이 판정하며 상훈 씨 사망의 업무상 재해를 인정했다. "재해자의 과거 업무상 스트레스에 의한 자살 시도 상황이 이번과 흡사하여 재해 상황을 정신질병의 재발로 판단할 수 있고, 재해자 본인의 능력 범위를 넘어선 업무 압박으로 인해 현실 판단 능력을 상실한 것으로 보인다. 정신질병을 유발할 수 있는 업무상 요인 및 업무상의 이유로 인한 정신이상 상태에서 자해행위를 한 것인지 여부와 관련하여, 본 위원회에서는 재해 직전에 부실채권에 대한 해결책을 논의하는 등의 조처가 있었고, 과거 자살시도력 등 개인적 요인이 더 큰 영향으로 작용했을 가능성을 배제할 수 없어 업무상 재해로 인정하기 어렵다는 소수 의견이 있었다. 그러나 다수의 위원들은 재해자가 정신과에 입원할 정도로 자살사고에 사로잡혔던 이유가 직장의 스트레스 상황이었음이 과거 의무기록에서 확인되고, 실제 자살행위에 이르기까지 자산 관리의 실패, 손실 보전의 압박을 강하게 받은 것으로 확인되는 바, 이러한 심리적 부담감 및 압박감에 의해 정신적인 인지능력 등이 현저하게 저하된 정신이상 상태에서 자해행위를 한 것으로 판단했다. 따라서 재해자의 사망과 업무와의 상당인과관계를 인정할 수 있다."

상훈 씨에게 책임을 전가하고 자금 회수를 압박했던 이 사건은 직장 내 괴롭힘으로 볼 수 있다. 연구에 따르면, 직장 내 괴롭힘 경험이 없는 군과 비교했을 때 가끔 경험한 군에서는 자살사고가 1.47배, 자살 시도가 2.27배 높아졌다. 빈번한 괴롭힘 경험 군에서는 자살사고가 1.81배, 자살 시도가 4.43배 높아진 것으로 나타났다.[*]

----

[*]   Kim, E. S., et al. (2025). Revealing the confluences of workplace bullying, suicidality, and their association with depression. *Scientific Reports*, 15(1).

상훈 씨가 사망한 후 협력사는 35억 원의 대금을 납부했고, 이사회는 협력사 인수를 결정했다.

과로 자살

'노동부 고시'는 뇌 · 심혈관 질병에 관한 만성 과로의 기준으로 발병 전 12주 동안의 주 평균 노동시간이 60시간을 넘거나, 발병 전 4주 동안 주 평균 64시간을 초과하는 경우 업무와 질병(또는 사망) 간의 인과관계가 강하다고 평가한다. 최근 업무상 사망으로 인정되는 자살의 2대 원인은 '직장 내 괴롭힘'과 '과로'다. 특히 만성 과로와 자살이 결합할 경우 이를 '과로 자살'이라 부르기도 한다.

이와 관련해 지석 씨의 사례를 살펴볼 필요가 있다. 회사 조직 개편 이후 3개월간 지석 씨의 업무량과 노동시간은 급격히 증가했다. 출퇴근 카드 기록을 보면 사망 직전 3일 동안 각각 15시간, 16시간, 12시간을 일했다. 이는 정상적인 판단력조차 유지하기 어려운 수준이었다. 전체 12주 동안의 주 평균 노동시간은 62시간으로, 만약 뇌 · 심혈관 질환으로 사망했다면 인정기준에 그대로 해당하는 수치였다. 지석 씨는 생전에 정신과 진료를 받은 적이 없는 평범한 가장이었다. 다른 지병이 있거나 경제적 어려움을 겪지도 않았다. 사망 전 급격히 늘어난 업무상 스트레스 외에는 그를 자살로 내몰 이유가 보이지 않았

다. 지금이라면 사망 전 노동시간만으로도 '과로 자살'로 인정
될 가능성이 충분하다. 그러나 10년 전의 근로복지공단은 지석
씨의 죽음을 업무상 재해로 인정하지 않았다.

지석 씨는 분명 일을 잘했지만, 중대한 개발 프로젝트를
주도할 만큼의 경력은 충분하지 않았다. 그런데 성공 가능성이
낮고 단기간에 결과를 내야 해 다른 부서원들이 꺼리던 프로젝
트를 떠밀리듯 맡게 되었다. 프로젝트는 좀처럼 진전되지 않았
고, 지석 씨는 석 달 내내 허덕였다. 부서 간 긴밀한 협조가 중
요한 일이었는데, 경력이 짧다는 이유로 무시당하는 일이 잦았
다. 프로젝트 지연에 따라 상사의 질책도 빈번해졌고, 지석 씨
는 평생 처음으로 무능함을 느끼며 좌절했다. 구체적 배경 설
명이나 명확한 지시 없이 다그치기만 하는 상사를 원망했으나,
차츰 자책이 커지며 위축되어 갔다. 그럴수록 노동시간은 계속
늘었고, 보고서를 작성하는 일만으로도 벅찼다. 지석 씨는 이
제 한계에 다다랐다는 생각에 심각하게 사직을 고민했다.

체중이 급격히 줄고 식사를 제대로 챙기지 못한 지석 씨
의 상태는 상훈 씨의 경우와 흡사하다. 급기야 동료에게 "이러
다가 나, 사고 칠 것 같다", "누구 하나 잘못 되면 (상사가) 심각
성을 느낄까?"라며 한탄하기도 했다. 한편으로는 모든 문제를
혼자 감당해야 한다고 여기며, 회사에 폐를 끼치고 있다는 과
도한 죄책감을 느꼈다. 우울감, 흥미 및 쾌감 저하, 체중 감소,
식욕 저하, 수면장애, 초조함, 피로감, 무가치감 또는 죄책감,

집중력 저하 등의 증상이 진행되면서 지석 씨의 자살사고가 증가한 것으로 보인다. 이처럼 신체적·정신적 변화가 두드러졌음에도 지석 씨는 프로젝트에 매달려 결국 성공시켰다. 그러나 스스로를 한심하게 여기는 감정에서 빠져나오지 못했고, "왜 일하는지 모르겠다"라는 생각에 사로잡힌 끝에 스스로 목숨을 끊었다.

지석 씨 사건은 법원의 판단을 받았다. 법원은 사망 전 상당한 중압감에 시달린 점, 상사와 타 부서원들로부터 지속적으로 질책과 불만을 받은 점, 스스로 상황을 해결하지 못한다는 자책으로 정신적으로 위축된 점, 사망 전 업무량과 노동시간이 급격하게 증가한 점을 주목했다. 의학적으로도 '사고 경직'을 의심할 만한 상황이었으며, 동료 진술에 따르면 말수가 줄고 잘 웃지 않으며 한숨을 자주 쉬고, 얼굴이 늘 붉은 상태였고, 불면증에 시달린 것으로 보였다. 법원은 이러한 정황으로 미루어 주요 우울장애 진단이 가능하다고 판단했다. 최종적으로 법원은 지석 씨가 업무상 스트레스로 인해 우울 증세를 보였으며, 이는 '사망 전 극심한 업무상 스트레스로 인한 업무상 재해'에 해당한다고 인정했다.

한편, 고용노동부는 과로성 사건의 경우, 해당 업무가 만성적으로 과중한 업무에 해당하는지 판단할 수 있는 구체적 기준을 제시하고 있다. 이는 근무 일정 예측이 어려운 업무, 교대제 업무, 휴일이 부족한 업무, 유해한 작업환경(한랭, 온도변화,

소음)에 노출되는 업무, 육체적 강도가 높은 업무, 시차가 큰 출장이 잦은 업무, 정신적 긴장이 큰 업무 등이 이에 포함된다. 이와 마찬가지로 노동자 자살이나 정신질병 사건에서도 판단 기준이 마련될 필요가 있다. 직장 내 괴롭힘, 직장 내 성희롱, 과로, 부당해고(징계)처럼 명확한 신체적·정신적 스트레스 요인이 기준으로 제시될 수 있을 것이다.

2. 괴롭힘을 화해라 부를 때

어느 회사에서 신입사원을 대거 채용했다. 오랜만에 새 얼굴을 맞이하니 선배들의 관심이 컸다. 어떤 선배는 신입에게 "내가 몇 살처럼 보이냐?"라고 묻곤 했다. 있는 그대로 답하는 신입도 있었지만, 일부러 한참 어려 보인다고 말하는 신입도 있었다. 그러면 선배들은 어김없이 "사회생활 잘한다"라고 했다. 보이는 대로 말하지 못하고 거짓으로 둘러대는 것이 정말 사회생활을 잘하는 것인지는 의문이다. 선배는 아마 신입사원이 잘 보이려고 애쓰는 모습을 보고 싶었던 건지도 모른다. 하지만 신입이라는 이유로 거짓을 강요당할 필요는 없다.

일터에는 단지 선배라는 이유만으로 함부로 반말하고 폭언을 일삼는 사람이 여전히 많다. 심지어 폭력을 행사하는 때도 있다. 나이로 서열을 나누는 '형님 문화', '기수 문화'가 뿌리 깊게 남아 있기 때문이다. 이런 부당한 관행을 당연시하는 문화는 독버섯처럼 사회 전반에 퍼져 있다. 하루빨리 이 같은 문화가 사라지는 시대가 오기를 바란다.

너, 따라 나와

민영 씨는 12년 차 과장이다. 그의 부서에는 차장, 과장, 대리, 사원까지 네 명이 일한다. 직급은 곧 나이 순서였고, 민영 씨의 부서는 전원 남성이었다. 3년 기한으로 지방 발령을 받은 민영 씨가 이곳에서 근무한 지 2년 6개월이 지났다. 앞으로 6개월만 버티면 본사로 돌아간다. 직장 내 괴롭힘 금지법이 시행되었지만, J 차장은 아랑곳하지 않았다. 반말, 고함, 윽박지르기 등그의 일상은 곧 직장 내 괴롭힘이었다. 그래도 민영 씨는 '6개월만 참자'는 마음으로 버텼다.

다음 해 사업계획 수립을 위해 민영 씨는 평가와 실태조사를 진행했다. 이사회 일정이 다가오자 J 차장은 부서원들에게 고함을 질렀다. "실태조사 취합하라고 한 게 언제인데 아직 이 모양이냐?", "너희는 뭐 하는 놈들이야?" 당시 대리가 맡은 조사 보고서는 최종 단계에 있었지만, 수치 점검 과정에서 오류가 발견돼 종합적인 재검토가 필요했다. 민영 씨가 보기엔 하루이틀 안에 마무리될 상황이었고 그의 반응은 과하다고 생각했다. 그러나 폭언은 늘 있는 일이었기에 크게 신경 쓰지 않으려 했다.

외근을 나서던 J 차장은 자신이 돌아올 때까지 일을 마치라고 대리에게 지시한 뒤 사무실 문을 쾅 닫고 나갔다. 오후에 복귀한 그는 곧장 보고서를 찾았다. 대리가 아직 마치지 못했다고 답하자 그는 불같이 화를 냈다. 이번에는 민영 씨를 향해 "너희는 일을 구분해서 하냐? 내가 시키면 모두 당장 달라붙어야지!"라며 큰소리를 쳤다. 사실 보고서 최종 마무리는 대리의 몫이었다. 차장은 민영 씨가 대리를 돕지 않은 점을 문제 삼고 싶었던 듯했다.

평소보다 날이 선 그의 부당한 질책을 그냥 넘기려 했지만, 이날은 참을 수 없었다. 민영 씨는 "업무 분장과 지시에 따라 진행하고 있습니다. 민감한 수치를 점검하는 거라 무작정 서두르면 안 됩니다"라며 맞받아쳤다. 지난 2년 6개월 동안 쌓였던 불만을 한꺼번에 쏟아내듯, 물러서지 않고 정면으로 대응했다. 그러자 J 차장은 "너 잠깐 따라와"라며 휴게실로 손짓했다. 건물 1층 후미진 곳의 휴게실은 소파와 테이블이 놓인 흡연실로, 성인 네 명만 들어가도 꽉 차는 좁은 공간이었다. 그는 그곳에서 민영 씨를 벽 쪽으로 몰며 말했다. "업무 분장 바꿀 테니까 당장 네가 해." 민영 씨가 "지금 하는 일도 벅찬데 실태 조사 보고서까지 맡는 건 무리입니다"라고 응수하자, 차장은 "그까짓 거 숫자 몇 개만 넣으면 되는 건데 뭐가 힘들다는 거야! 어디서 유세야?"라고 고함쳤다. 복도까지 울려 퍼지는 소리를 듣고 다른 직원들도 상황을 알게 되었다. 이어 그는 "대리 제대로 가르치지 않으면 내년 본사 발령은 꿈도 못 꿀 줄 알아"라고 협박했다.

좁은 공간에서 이어진 폭언과 위협은 민영 씨에게 강한 충격을 남겼다. 그 순간은 오랫동안 그의 일상을 흔들어 놓았다. '6개월만 참자'라며 버텨왔지만, 이번만큼은 도저히 용납할 수 없었다. 모욕감과 수치심이 밀려오자, 민영 씨는 노동조합을 찾아갔다. 그의 괴롭힘은 상습적이었다. 직장 내 괴롭힘 금지법이 시행된 지 이미 1년이 넘었지만, 차장의 태도는 달라지지 않았다. 민영 씨는 더 이상의 피해를 막기 위해 공식적인 대응이 필요하다고 판단했다. 그는 J 차장의 직장 내 괴롭힘 행위를 정식으로 신고하며 즉각적인 분리 조치를 요구했다.

화해 종용

다음날 회사 대표는 괴롭힘 신고와 관련해 면담하겠다며 민영 씨를 불렀다. 대표실 문을 열고 들어선 민영 씨는 멈칫했다. J 차장이 소파에 앉아 있었기 때문이다. 민영 씨가 노동조합을 통해 정식으로 신고했음에도, 대표는 당사자 간 화해로 사건을 무마하려 했다. 면담은 형식에 불과했고, 사실상 화해를 압박하는 자리였다. 진정으로 화해를 원했다면 J 차장이 먼저 사과해야 했다. 잘못을 인정하는 것이 우선이기 때문이다. 그러나 그는 뻔뻔하게도 본사 발령을 막겠다는 협박을 하지 않았다며, 전혀 기억나지 않는다고 발뺌했다. 오히려 민영 씨가 거짓으로 신고한 것처럼 몰아갔다. 민영 씨는 평소에 그가 다른 직원들에게도 저지른 직장 내 괴롭힘 행위를 구체적으로 밝혔다. J 차장을 두둔하려던 대표는 민영 씨의 단호한 태도에 한발 물러섰다. 민영 씨의 대응은 사건의 심각성을 분명히 보여줬지만, 대표는 상황을 권위적으로 억누르려 했다. 긴장감이 감도는 가운데 면담은 그렇게 끝났다.

며칠 후 민영 씨와 J 차장은 사업계획 수립을 위한 이사회에 참석했다. 그때까지도 분리 조치는 없었다. 불편한 자리였지만, 해야 할 일이라 꾹 참고 자리를 지켰다. 이사회를 마친 뒤 대표와 임원, 실무자들이 현장에 방문해야 했다. 미리 준비한 버스에 올라탄 민영 씨를 상무가 막아섰다. 상무는 이미 자리에 앉아 있던 J 차장 옆자리로 민영 씨를 데려갔다. 심적으로 불편하니 나란히 앉을 수 없다고 거부했지만, 상무는 지시에 따르라며 두 사람을 억지로 한자리에 앉혔다. 상무는 "대표께서 이렇게라도 두 사람을 화해시키라고 하셨어. 자네가 넓은 마음으로 헤아려주기 바라네"라고 말한 뒤 바로 뒷자리에 앉았다.

분리 조치는커녕 J 차장과 나란히 앉게 되자 민영 씨는 극심한 모욕감과 수치심을 느꼈다. 왕복 네 시간 동안 그렇게 굴욕을 견뎌야 했다. 일정을 마치고 사무실로 돌아오자마자 상무가 다시 민영 씨를 불렀다. 달래는 듯하면서 말하는 요지는 하나였다. J 차장과 빨리 '화해'하라는 것이다. 회사는 괴롭힘 신고를 조용히 무마하려는 의도를 노골적으로 드러냈다. 괴롭힘 신고 이후 일주일 내내 회사는 화해를 종용하는 데 몰두했다. '화해해야만 끝이 난다'라는 무언의 압박이 이어졌다. 대표와 상무의 행위는 명백한 2차 가해다. 괴롭힘 조사의 기본 원칙조차 무시했고 부당한 태도로 일관했다. 임원들이 번갈아 가며 주말 내내 민영 씨에게 전화를 걸었다. 그들은 화해하라는 대표의 말을 녹음기처럼 반복했다.

민영 씨의 상처가 치유될 리 없었다. J 차장은 "민영 씨 때문에 일이 커졌다"라는 변명만 늘어놓았다. 사과조차 없는 상황에서 화해라니, 민영 씨는 도저히 받아들일 수 없었다. 그리고 몸과 마음의 스트레스는 점점 커질 뿐이었다. 힘겨운 주말을 보내고 출근한 월요일 아침, 버틸 힘이 남아 있지 않았으나 중요한 업무를 마무리해야 했다. 그날 오후 대표가 또 민영 씨를 불렀다. '설마 또 화해하라는 건가'라고 생각하니 진정하기 어려웠다. 대표는 예상대로 화해를 압박해 왔다. 순간 민영 씨는 허공에 뜨는 듯 멍해졌다. 간신히 붙잡고 있던 이성이 툭 끊어지는 느낌이었다.

과호흡과 적응장애

대표와의 면담은 민영 씨에게 극심한 스트레스를 안겼다. 호흡이 가빠지고 속이 울렁거렸다. 더는 견딜 수 없어 "잠시 바람을 쐬고 오겠다"라며 대표실을 뛰쳐나왔다. 건물 밖으로 내달린 그는 귀퉁이에 주저앉아버렸다. 대표실 앞에서 상황을 지켜보던 동료도 함께 달려 나왔다. 숨을 고르고 억지로 호흡을 가다듬으려 했지만 진정되지 않았다. 이윽고 안면이 마비되고 손발이 떨리는 발작이 오더니 온몸이 경련처럼 떨리기 시작했다. 과호흡으로 쓰러진 민영 씨는 동료에 의해 응급실에 도착해 안정을 찾은 뒤 정신건강의학과 진료를 받았다. 태어나 처음으로 정신과 치료를 받는 순간이었다.

응급센터 기록에는 다음과 같이 적혀 있었다. "직장에서 상사로부터 심한 스트레스를 받고 과호흡이 시작돼 응급실에 내원함. 열이 나는지는 모른다고 함. 현재 처음보다 호전됐으나 여전히 안정되지 않고 숨이 가쁘다고 함. 직장 상사 중 스트레스를 심하게 주는 한 사람이 있으며, 이미 그 사람 때문에 여러 명이 정신과 치료를 받고 있다고 함. 인과관계가 명확하여 정신건강의학과 진료를 안내함."

정신과 진료기록은 다음과 같다. "○○월 ○○일 직장 상사에게 인격을 무시하는 발언을 들은 이후 불안과 긴장이 지속됨. 그 생각이 떠오르면 감정이 격해지고 울컥함. 일상에서 감정 조절이 어렵고 수면에도 문제가 있음. 향후 상황에 대한 걱정과 불안이 심함."

민영 씨는 '적응장애' 진단을 받고 근로복지공단에 요양을 신청했다. 노동조합도 회사에 강하게 항의했다. 근로복지공단은 비교적 신속하게 사건을 업무상 재해로 인정했다. 이후 민영 씨는 충분한 요양 치료를 받은 뒤 복귀했고, 현재는 본사에서 근무하고 있다. 본사 발령 이후에는 신체적·정신적 이상 증상도 더 이상 나타나지 않았다.

업무상질병판정서에서는 다음과 같이 판정했다. "신청인은 인사이동을 신청했으나 발령이 이루어지지 않았고, J 차장을 상대로 노동조합에 직장 내 괴롭힘을 신고했으나 이후 징계 절차 등 객관적인 조치는 확인되지 않는다. 신청인 진술에 따르면 이사회 이후 J 차장과 함께 식사 자리에 동행하도록 하며 화해를 종용했고, 이 과정에서 극도의 스트레스를 받았다고 한다. 건강보험 수진 내역 상 신청 상병에 대한 진료 기록은 확인되지 않는다. 이 사건 신청 상병과 업무 간 상당인과관계를 검토한 결과, 신청인이 제출한 심리평가 보고서와 의무기록 등을 토대로 신청 상병은 의학적으로 확인된다. 또한 상급자인 J 차장과의 갈등으로 인한 스트레스가 확인되며, 인사이동 등 민감한 주제를 이용한 압박으로 스트레스가 가중되었을 것으로 판단된다. 특히 사측이 두 사람의 화해를 종용하면서 사적인 자리에서 함께 있게 하는 등의 과정이 있었음이 확인된다. 이러한 상황에서 신청인이 받았을 정신적 스트레스와 심리적 압박은 상병을 유발하기에 충분하며, 따라서 신청 상병과 업무 간 상당인과관계가 인정된다는 것이 심의위원들의 공통된 의견이다."

직장 상사가 주는 병, 상사병

근로복지공단에 접수하는 대표적인 정신질병 진단명은 외상후스트레스 장애Post Traumatic Stress Disorder, 급성스트레스 장애Acute Stress Disorder, 적응장애Adjustment Disorder, 우울장애Depressive Disorder, 불안장애Anxiety Disorder, 수면장애Sleep Disorder, 자해행위(자살) 및 자살 시도, 기타로 구분할 수 있다. 직장 내 괴롭힘은 주로 상사의 부당한 업무 지시, 폭언·위협, 폭력적 상황에 반복적으로 노출되면서 발병하는 경우가 많다. 이러한 상황은 하급자를 지배하려는 태도에서 비롯된다. 폭력적인 부서장은 "야, 너"라며 반말을 사용하고, 하급자를 하인처럼 대하기도 한다. 부서장은 사용자의 지휘·감독 권한을 일정 범위 내에서 위임받아 행사하지만, 이것이 무소불위의 권력을 의미하지 않는다. 그러나 현실에서는 많은 부서장이 노동자를 노예나 머슴으로 착각하며 권한을 남용하는 경향이 있다.

이처럼 노동자의 일상이 힘겹다 보니 노동을 둘러싼 냉소와 자조가 섞인 신조어가 많아지고 있다. 회사의 가축이나 다름없는 처지가 된 직장인을 일컫는 말인 '사축', 직장 상사가 주는 병인 '상사병', 매사에 의욕이 없는 증상을 '일하기싫어증'이라 풍자하는 것은 노동자의 삶이 녹록치 않은 세태를 반영한다.* 이런

---

* 히노 에이타로, 『아, 보람 따위 됐으니 야근수당이나 주세요』, 오우아, 2016.

현상이 그저 한탄에 그치지 않고 노동자의 권리, 노동과 일상의 삶이 모두 중요하다는 인식의 확장으로 이어지길 바란다.

상사로부터 부당한 인사 발령을 강요당한 세영 씨의 사례가 있다. 회사는 부서의 평온함을 유지한다는 명목으로 부서 이동의 책임을 세영 씨에게 전가했다. 그 결과 세영 씨에게 '근무성적 불량자'라는 낙인이 찍혔다. 이 불명예를 떨치기까지는 고난의 연속이었다.

세영 씨가 근무하던 부서는 전문성이 요구되어 특수한 채용 절차를 거치는 분야였다. 당사자의 동의 없이 다른 부서로 발령 나는 일은 없었고, 이는 부서의 오랜 전통이자 부서원들의 자부심이었다. 그러나 입사 1년을 앞둔 시점에 조직 개편 문제가 불거졌다. 노동자들의 거센 반대에도 회사는 강압적인 부서 이동을 추진했고, 세영 씨가 속한 부서에서도 최소한 한 명을 다른 부서로 이동시켜야 했다. 부서장은 세영 씨를 지목해 끈질기게 이동을 강요했다. 세영 씨가 거부하자 욕설, 폭언, 성차별적 발언 등 폭력적 상황이 이어졌다. 더 큰 고통은 동료와 선배들이 침묵으로 일관한 것이었다. "나만 아니면 된다"라는 분위기가 팽배했고, 세영 씨는 배신감 속에서 극심한 스트레스를 받았다. 수개월에 걸친 강요 끝에 결국 세영 씨는 부서 이동 '희망원'을 제출했다. 이름만 희망일 뿐, 강압적 권한 남용의 결과였다.

부서 이동 과정에서 세영 씨는 정신적 이상 증세를 보였고 점차 악화했다. 휴직과 병가가 이어졌으며, 이후에도 잦은 전보와 근무성적 불량 평가 등 부당한 처우가 계속됐다. 의욕은 떨어지고 불안과 불면에 시달렸다. 이전에는 정신과 진료 경험이 없었음에도, 강제 이동 이후 '근무성적 불량자'라는 낙인이 붙어 업무 능력이 없는 사람으로 몰렸다. 세영 씨는 더 이상 참지 못하고 요양 신청을 결심했다. 자신이 근무성적 불량자가 아니라 부당한 권한 남용의 피해자임을 증명하고, 조직이 씌운 낙인을 지워내기 위해서였다.

업무상질병판정서에서 위원회는 다음과 같이 판단했다. "신청인은 ○○부에서 ○○○○년 ○○월부터 상병 진단일까지 약 1년간 근무한 사실이 취업 및 영업 확인 자료와 보험 가입자 의견서 등에서 확인된다. 건강보험 요양급여 내역에 따르면, 상병 진단 이전에는 정신건강의학과 진료 이력이 없다. ○○부에 입사한 지 1년도 되지 않아 비자발적으로 다른 부서로 강제 발령되었고, 발령 과정에서 상사로부터 폭언을 포함한 부당한 대우를 받았다. 또한 이동된 부서의 업무 강도가 높아 상당한 업무 스트레스가 있었던 것으로 보인다. 이러한 인사 발령 이후 증상이 발현되어 진단된 점을 종합하면, 본 위원회에서 변경한 상병 '적응장애'는 업무로 인한 정신적 스트레스와 관련이 있다고 보는 것이 타당하며, 업무와 상병 사이의 상당인과관계가 인정된다."

업무상질병판정위원회에서 심의할 때, 명확한 업무상 스

트레스 요인을 정신과 용어인 '이벤트'라고 한다. 사건의 유형에 따라 다르지만, 반드시 단일 사건이 아니더라도 신체적 · 정신적 이상 상태를 유발할 정도로 여러 업무상 스트레스 요인이 복합적으로 작용할 수 있다. 업무 관련성을 입증하려면, 노동자의 신체적 · 정신적 이상 상태가 나타난 시점과 그 악화 정도를 기준으로, 해당 시점에 존재한 업무상 스트레스 요인을 시간대별로 정리하는 방식이 필요하다. 이는 노동자가 경험한 이상 상태와 관련된 업무상 스트레스 요인을 구체적으로 확인하는 데 필수적이다.

일반적으로 업무상 스트레스 요인으로 판단되는 사건이나 상황은 상사와의 갈등, 편법적 업무 지시로 인한 갈등, 원치 않는 장소로의 인사 발령, 이직 압박, 사측과의 갈등, 강압적 조직 문화, 업무 지원 부족, 실적 압박, 부서 전환 요청, 구조조정 불안감, 주야간 교대근무, 업무 외주화, 손해에 대한 책임과 질책, 새로운 업무 부담, 업무 부적응, 부정적 언론보도 또는 오보, 충격적 사건의 경험이나 목격, 폭언 · 폭력 · 성희롱, 민원 또는 고객과의 갈등, 업무상 실수와 책임 부담 등이다. 이처럼 다양한 사건과 상황이 노동자의 신체적 · 정신적 이상 상태를 유발할 수 있으며, 이를 구체적으로 기록하고 확인하는 것이 업무상 질병 판정에서 핵심적이다.

3. 시간에 갇혀 붕괴한 노동자

시간에 쫓기는 경험은 누구나 한다. 항공기, 열차, 버스를 제시간에 타기 위해 서두를 때의 조급한 마음도 있고, 원고 마감이 다가올 때의 초조함과 긴장감도 그렇다. 장시간 노동이 노동자의 건강권을 침해하듯, 시간적 압박 속에서 수행하는 업무 역시 큰 부담과 압박감을 준다. 업무량, 책임, 강도, 밀도, 빈도, 인력 부족 등 업무 부담의 요인은 다양하지만, 그중에서도 시간에 쫓기는 상황은 가장 극심한 스트레스를 유발한다.

과로사나 자살 같은 업무상 사망 사건을 조사하다 보면 구체적 사실관계가 명확히 드러나지 않는 경우가 많다. 유족은 갑작스러운 사망에 슬픔을 수습할 겨를조차 없고, 원인을 찾으려 하지만 진실에 가까워지는 일은 쉽지 않다. 일터에서 실제로 무슨 일이 있었는지 알기 어렵기 때문이다. 회사는 '아무 일 없었다'라고 잡아떼거나, '영업비밀'을 이유로 협조를 거부하기 일쑤다. 사건의 실마리를 어디서부터 어떻게 풀어야 할지 막막할 때가 많다. 답답함이 몰려올 때면 고인과 직접 대화를 나누고 싶다는 생각이 들기도 한다.

재해경위서를 작성하며 고인의 감정에 이입하고 사건을 추적하다 보면, 당사자가 된 듯한 깊은 몰입을 경험하기도 한다. 이렇게 노동자의 관점에서 사건을 재구성해 나가다 보면 비로소 재해경위서가 완성된다. 형규 씨 사건은 고인이 겪었던 업무상 스트레스 요인이 과연 사망으로 이어질 만큼 중대한 것이었는지 의심을 거듭했던 사례였다. 그러나 고인의 마지막 행적을 끊임없이 추적한 끝에 업무 관련성을 객관적으로 주장할 근거를 찾아낼 수 있었다.

주어진 시간은 단 3개월

형규 씨는 여러 지역에 사무소를 둔 회사에서 20년 이상 근무했고 사건 당시 차장이었다. 낯선 지역에서 일한 경험도, 익숙한 지역에서 일한 경험도 있었다. 사무소 근무는 보통 2~4년 주기로 배치전환이 이뤄지는데, 형규 씨는 2년 전 K 사무소로 발령받았고, 특별한 변수가 없다면 앞으로도 2년 더 그곳에서 근무할 예정이었다. 이 사무소는 건물주와 1년 단위로 임대차 계약을 갱신하며 10년 넘게 같은 자리를 유지해 왔다.

인력은 늘 부족했다. 정원은 6명이었으나 1년 전부터 5명만 근무했고, 부서장의 정년퇴직도 몇 개월 앞으로 다가온 상태였다. 형규 씨는 안정적인 사무소 운영을 위해 인력 충원이 시급하다고 판단했다. 더욱이 구성원 간 직급 불균형이 심각해 일상적인 스트레스가 컸다. 본사에 지속적으로 충원을 요구했지만, 돌아오는 답은 "기다리라"는 말뿐이었다.

형규 씨 사망 당시 사무소는 부장 1명, 차장 1명, 대리 1명, 사원 2명으로 꾸려졌다. 그마저도 4개월 전 새로 발령받은 사원은 입사 1년 차, 또 다른 사원은 입사 한 달 차에 불과했다. 경력이 짧아 아직 역량을 발휘하기 어려운 상황이었다. 과장, 대리급 충원이 절실했지만 이루어지지 않았고, 이런 인력 부족과 불균형은 형규 씨의 업무 부담을 키웠다. 신뢰할 만한 동료가 부족해 모든 일을 그가 직접 챙길 수밖에 없었다. 게다가 부장이 정년퇴직하면 그 자리가 공석이 되니, 형규 씨는 내심 승진을 기대하며 버텨내야 한다고 다짐했다. 구성원들에게도 합심해 극복하자고 독려했고, 본인 역시 더 많은 노력을 기울였다. 그렇게 해서 K 사무소는 겉보기에 큰 문제 없이 유지되고 있었다.

사건의 서막은 건물주가 바뀌면서부터였다. 건물 매각에 관한 소문도 없었고 별다른 조짐도 없었다. 형규 씨가 사망하기 한 달 전, 1월 초였다. 중년 남성이 사무실에 불쑥 찾아와 책임자를 찾았다. 누구시냐고 묻자, 그는 "새 건물주입니다"라

고 답했다. 전혀 예상치 못한 상황에 당황한 형규 씨는 조심스
레 회의실로 안내했다. 새 건물주의 태도는 권위적이었다. 그
는 새로운 회사가 여러 층을 임대할 예정이라며 K 사무소와의
임차 계약을 해지하겠다고 말했다. 형규 씨는 즉시 본사에 보
고했지만, 담당자는 "신규 사무실을 곧장 구하세요"라고 할 뿐
지원에 관한 언급은 없었다. 결국 신규 사무실 임차와 관련된
모든 업무는 고스란히 형규 씨에게 떠넘겨졌다. 앞으로 3개월
안에 새로운 사무실을 구하고, 기존 사무실 원상복구, 신규 사
무실 인테리어와 이사까지 마쳐야 하는 긴박한 상황이 된 것이
다. 새 건물주는 행동도 빨랐다. 바로 다음 날, '임차계약 해지
통보'가 담긴 내용증명서가 도착했다.

그에겐 버거운 일

형규 씨 사건을 상담하면서 처음에는 의문이 들었다. "신
규 사무실 임차가 그렇게 어려운 일일까?", "과연 3개월이라는
기간이 촉박했다고 볼 수 있을까?"라는 생각이었다. 그러나 사
무소의 인력 구조와 상황을 고려하면, 신규 임대차 업무를 형
규 씨가 전담해야 했던 사정을 이해할 수 있었다. 부당하게 일
이 떠넘겨진 것도 아니었고, 차장으로서의 역할을 고려하면 맡
아야 할 일이었다. 물론 과장급 인력이 있었다면 사정이 달라
졌겠지만, 당장 신규 발령을 내 임대차 업무를 전담시킬 수는

없었다.

대법원은 업무와 재해의 인과관계를 판단할 때 보통 평균인이 아니라 해당 근로자의 건강과 신체 조건을 기준으로 삼아야 한다고 본다. 또한 인과관계 입증은 반드시 의학적·자연과학적으로 명백히 증명할 필요는 없으며, 제반 사정을 고려했을 때 업무와 재해 사이에 상당인과관계가 있다고 추단된다면 입증이 인정된다고 판시한 바 있다(2005. 11. 10. 선고 2005두8009 판결). 따라서 업무상 스트레스 요인의 강도는 형규 씨 개인의 상황을 기준으로 평가해야 한다.

유족은 "고인은 워낙 이사를 싫어했다"라고 진술했다. 물론 이사를 좋아하는 사람이 드물다는 점을 고려하면, 고인의 근심이 유달리 깊었다는 사실을 더 무겁게 받아들일 수밖에 없었다. 도대체 무엇이 그렇게 힘들었는지, 고인에게 직접 물을 수만 있다면 실마리를 찾을 수 있을 것만 같았다. 정신과 치료 이력은 가족에게조차 알려지지 않는 경우가 많다. 유족을 통해 확인한 고인의 '건강보험 요양급여내역'에는 과거 정신과 진료 기록이 있었다. 기록을 살펴보고서야 사건을 바라보던 나의 부정적인 시선이 조금씩 긍정의 신호로 바뀌기 시작했다.

형규 씨는 10년 전 신규 사무소 개설 요원으로 발령받았다. 아는 사람이 전혀 없는 낯선 지역에서 사무소를 개설해야 하는 일이었다. 당시 직급은 과장이었고, 발령 인원은 단 두 명뿐이었다. 형규 씨는 사무실 임대차계약, 인테리어, 이사까지 전담하는 한편, 영업조직 확충을 위해 수많은 사람을 만나야 했다. 모든 일이 낯설었고, 만나는 이들 대부분이 초면이었다. 혈기 왕성하고 업무적 기량도 충분히 갖췄다고 생각했지만, 모든 시작은 버겁기만 했다.

무기력해진 형규 씨는 결국 정신과를 찾았다. 진료기록에는 "긴장, 회의 주재 시 떨림, 직장, 회식, 일대일 상황은 괜찮으나 일대다수 상황은 불편"이라는 메모가 남아 있었다. 진단은 '혼합형 불안 및 우울장애'였다. 이후 그는 증세가 심해질 때마다 평균적으로 1년에 2~4차례 정신과 진료를 받았다. 사망 4년 전 기록에는 "처음 만나는 사람은 불편하다"라는 내용이 있다. 의사는 "상담에 협조적이지만 소극적이고, 눈 맞춤이 거의 없다"라는 소견을 남겼으며, 이때 '특정(고립성) 공포증'을 진단했다. 그러나 2년 전 이곳 사무소로 발령받은 뒤에는 "생활이 무난하다. 특별히 긴장되는 상황이 아니면 괜찮다"라고 했고, 사망 시점까지 정신과 진료를 받지 않았다.

일반적으로 사회공포증 환자는 타인과의 만남을 회피하며 스스로 고립되려는 경향을 보인다. 형규 씨는 회피적 성향이 강하지는 않았지만, 기록을 종합하면 자주 긴장하고 소심하다는 특징으로 요약됐다. 사망 3개월 전 돌발 상황이 발생하자 그는 신체적·정신적 이상 증세를 보였고, 상태는 급속히 악화했다. 결국 신규 임대차계약 업무가 형규 씨에게 극심한 스트레스로 작용했음을 이해할 수 있었다. 따라서 사망 직전 형규 씨의 변화

양상을 살펴보는 것이 중요하다. 그는 10년 전 경험한 초조·불안·긴장 상태와 사망 전 돌발 상황을 동일하게 받아들였고, 이는 반복된 재경험을 통한 지속적 위험 노출로 이어졌다.

형규 씨가 사망한 것은 새 건물주를 만난 지 불과 한 달 뒤였다. 그는 주변 공인중개사와 지인들을 통해 백방으로 사무실을 물색했고, 주말에는 부인과 함께 직접 현장을 다녔다. 2주간의 노력 끝에 적합한 후보지를 찾았고, 본사에 보고한 다음 날 본사 담당자가 참석하는 현장 실사를 진행했다. 새 후보지는 현재 사무소보다 다소 낡았고 접근성도 떨어졌지만, 임대료가 저렴하고 주차장이 넓어 조건이 나쁘지 않다고 생각했다. 그러나 본사 담당자는 여러 이유를 들어 '부적합' 판정을 내렸다. 쉽게 말해 '까인' 것이다. 형규 씨는 이미 입맛을 잃은 상태였다. 연일 현장을 돌아다니느라 식사도 제대로 하지 못했고, 조바심 속에 체중이 급격히 줄며 기력마저 떨어졌다. 이런 노력에도 불구하고 '부적합' 판정을 받자, 그는 철퇴를 맞은 듯한 충격을 받았다. 하지만 다시 새로운 후보지를 찾아야 했다.

사망 일주일 전 그는 2차 현장 실사를 진행했고, 본사 담당자도 다시 참석했다. 한 달이 지나면서 시간은 점점 더 촉박하게 느껴졌다. 그러나 2차 실사 역시 '부적합' 판정을 받았다. 형규 씨는 "도대체 나보고 어떻게 하라는 거야"라고 외치며 분노를 터뜨렸다. 이후 그는 급격히 의기소침해지고 위축됐다. 2차 실사 직후 형규 씨는 대리에게 "아무 생각도 할 수가 없다. 어떤 판단도 할 수 없고, 무슨 말을 해야 할지도 정리가 되지 않는다"라고 말했다. 극심한 좌절감과 무기력, 의욕 상실이 드러나는 대목이었다. 이어 부장에게도 "사표를 내야겠다. 너무 힘들다. 미안하지만 그만둬야겠다"라고 말했다. 주변 사람들은 충격을 받았다. 사무실 이전 문제는 결국 해결할 수 있는 일인데, 사직을 고민할 정도로 심각하게 받아들이는 그의 반응을 이해할 수 없었다.

나중에 기록을 확인해 보니, 형규 씨는 사망 7일 전 '1393'(자살예방상담전화)에 연락해 상담을 시도했다. 만약 자살 사고의 주요 원인이 업무상 스트레스였다면, 업무 관련성은 더욱 강하게 인정될 수 있다. 형규 씨는 사망 2주 전부터 사망 전날까지 내과, 비뇨기과 등 여러 의료기관을 찾았다. 진료기록에는 "식욕부진, 불면, 잦은 복통, 급격한 체중 감소"가 공통으로 기재돼 있었다. 그는 자주 극심한 통증을 호소했지만, 의료기관에서는 명확한 원인을 찾지 못했다. 형규 씨는 "미치겠다. 배를 갈라보고 싶다. 하지만 사무실 이전이 더 큰 문제다"라고 말하며 정신적 고통과 압박을 토로했다.

무너져 내렸다

사망 5일 전, 형규 씨는 예약 일정을 앞당겨 건강검진을 받았다. 통증의 원인을 찾고 싶어 위·대장 내시경 검사도 했다.

그러나 예상과 달리 특별한 이상은 발견되지 않았다. 의사들은 조심스럽게 '심인성 통증Psychogenic Pain' 가능성을 언급했다. 신체에 뚜렷한 손상이 없음에도 지속되는 통증이 스트레스나 우울에서 비롯될 수 있다는 설명이었다. 그러나 형규 씨는 자신이 이상한 사람 취급을 받는다고 느꼈다.

새 건물주가 나타난 뒤 그의 삶은 송두리째 흔들렸다. 상태가 심각해 출근조차 버거워졌고, 며칠 동안은 부인이 직접 승용차로 출퇴근을 도와야 했다. 회사에는 정년 이전에도 신청할 수 있는 조기 퇴직 제도가 있었다. 근속 기간에 따라 퇴직 위로금을 지급하는 제도였고, 형규 씨에게 이것 말고는 다른 선택지가 보이지 않았다. 직원들은 "사무실 문제는 걱정하지 말라"며 병가나 휴직을 권했지만, 형규 씨는 마치 무엇엔가 쫓기듯 퇴직을 서둘렀다. 조기 퇴직 절차는 본사에 신청서 제출 후 내부 결재까지 열흘이면 마무리된다. 부장이 적극적으로 만류했지만, 형규 씨는 "사무실에 있으면 앉아 있기도 힘들다. 배가 아프면 아무것도 못 한다. 자신감도 떨어지고 힘도 나지 않는다. 직원들에게 피해를 주는 게 미안하다"라며 사망 3일 전 팩스로 신청서를 제출했다. 사직서 원본은 우편으로 발송하기로 했다.

팩스 제출 후 불과 이틀이 지난 시점에 형규 씨는 본사에 전화를 걸어 사직서가 도착했는지 확인했다. 전날은 휴일이어서 아직 도착하지 않은 것이 당연했지만, 그는 "직원들이 일부러 빼놓은 것 아니냐?"라고 의심하며 초조해했다. 조기 퇴직을 막기 위해 고의로 우편물을 누락했다고 생각한 것이다. 본사 인사 담당자가 "팩스로 신청서를 접수해 처리 중이며, 원본은 나중에 보완하면 된다. 전혀 걱정할 필요가 없다"라고 거듭 설명했지만, 형규 씨는 안도하지 못했다. 아무 일도 일어나지 않았음에도 불안을 증폭시키는 모습은 전형적인 불안 증세였다. 이는 형규 씨가 사망 직전, 업무상 극심한 스트레스로 인해 정신적 균형을 완전히 잃어가던 상황을 명확히 보여준다.

형규 씨 유서는 없었다. 유족에게 "고인이 자주 입던 옷 주머니, 가방 주머니, 책상 서랍 등 곳곳을 다시 살펴보라"고 말했다. 사망에 앞서 고인이 뭔가 단서를 남겼을지 모르기 때문이다. 며칠이 지나 유족에게 연락이 왔다. 고인이 작성한 메모가 찢기고 구겨진 상태로 옷장 밑에서 발견된 것이다. 메모에는 "사무실, 사무실, 사무실, 사무실, 피가 마른다"라고 적혀 있었다. 그리고 검사 결과에도 나오지 않는 복부 통증을 원망하는 말이 적혀 있었다. 형규 씨의 인생을 단번에 무너뜨린 원인은 '사무실'이었다. 시간에 쫓겨 신규 사무실 임대차 관련 업무를 수행했던 것이 주된 업무상 스트레스 요인이었다는 것을 다시금 확인시켜 주는 중요한 단서였다.

사망 당일, 형규 씨는 사무실에 마지막으로 출근했다. 사물을 정리하고 인수인계도 했다. 믿음직한 후배로 살뜰히 챙겼던 대리와 점심 식사까지 했다. 직원들 모두에게 "그동안 감사했다"라는 말과 함께 작별 인사도 마쳤다. 밀려드는 아쉬움에 그는 깊은 한숨을 몰아쉬었다. 불과 한 달 전만 해도 조기 퇴직은 생각해 보지 않았던 일이었다. 억울했다. 화도 났다. 힘없이 인사하는 형규 씨가 안쓰럽기도 하고, 불안해 보였던 부장은 걱정하지 말고 집에 가라고 말했다.

급성 스트레스

형규 씨는 사무실을 나와 부인에게 전화를 걸었다. "택시를 잡을 수 없다"라는 몹시 흥분한 목소리였다. 부인은 곧 데리러 갈 테니 기다리라고 했다. 잠시 후 승용차에 올라탄 형규 씨는 "사직서는 잘 도착했겠지? 사직에 문제는 없겠지?"라고 반복적으로 말하며 불안해했다. 바람이나 쐬러 가자는 부인에게 그는 "너무 억울하다. 갑작스럽게 퇴직하게 된 상황이 이해되지 않는다"라며 울먹였다. 가까스로 형규 씨를 달래며 집으로 돌아왔다. 형규 씨는 챙겨온 사물을 문 앞에 던지듯 내려놓았다. 그리곤 거실을 빙빙 돌며 "건물주 때문에 다 망했다"라고 흥분해 소리쳤다. 이어 거친 손동작으로 휴대전화를 조작해 부장에게 전화를 걸었다. "건물주 전화번호를 달라. 건물주 때문에 다 죽게 생겼다"라며 증오에 가까운 분노를 표출했다. 건물주를 향한 형규 씨의 원망과 절규는 전혀 수그러들 기미를 보이지 않았다. 그날 형규 씨는 스스로 목숨을 끊었다.

업무상 사망에서 업무 관련성을 판단할 때는 사망에 이를 정도의 업무상 스트레스 요인이 무엇이었는지 확인해야 한다. 또한, 업무 외에 다른 요인이 없었는지도 동시다발적으로 살펴야 한다. 근로복지공단의 '정신질병·자살 체크리스트'에서 말하는 업무 외적 요인은 이혼이나 별거, 중한 질병이나 상해, 배우자 또는 자녀 사망, 부모·형제 사망, 거액의 재산 손실, 천재지변, 화재 등 개인적 요인으로, 정신적 이상 상태에 영향을 미칠 수 있다. 하지만 형규 씨에게 업무 외에 다른 스트레스 요인은 찾아볼 수 없었다.

업무상질병판정서는 "고인이 사무실 임대차계약이라는 예외적으로 발생한 신규 업무로 인해 스트레스를 받았을 것으로 보이는 점, 과거 정신과 진료를 받은 개인적 취약성이 있는 상태에서 발생한 급성 스트레스 사건으로 기존 질환이 급격하게 악화한 것으로 보이는 점 등을 종합적으로 고려할 때, 고인의 사망과 업무 사이에 상당인과관계가 인정된다는 것이 참석한 위원들의 일치된 의견이다"라고 기록하며 형규 씨의 업무상 재해를 인정했다.

한편, 근로복지공단의 '정신질병·자살 체크리스트'는 주요 업무상 스트레스 요인을 다음과 같이 구분해 살펴보도록 하고 있다. 사고나 화재의 체험, 비참한 사고나 화재의 목격, 폭언·폭행, 성희롱, 불법 촬영, 업무량 증가, 업무 내용(부서 이동)의 변화, 근무 형태(교대제 등)의 변화, 재해 발생 초래, 회

사 손실 초래, 신규 사업 담당, 회사 재건 담당, 지속된 민원·
불만, 협박성 민원·불만, 해고·복직, 인사 조치·감사, 퇴직
종용, 조기 퇴직 대상, 재계약 불안, 원치 않는 승진, 업무 장
소(원거리 지역)의 변화, 징벌적 배치전환, 상사와의 갈등(위협·
강요·무리한 업무 등), 구조조정과 연계된 배치전환, 동료와의
갈등, 부하와의 갈등, 원·하청사의 갈등, 육체적 질병으로 인
한 부적응, 정신적 질병으로 인한 부적응, 집단 괴롭힘·따돌
림, 차별, 헛소문(악의적 소문 등), 기타 등이다.

업무상 스트레스 요인은 갑작스러운 충격적 사건으로 나
타나기도 하지만, 대부분은 여러 요인이 복합적으로 작용한다.
노동자의 사망 사건에서 업무 외적 요인을 확인할 수 없고, 업
무상 스트레스 요인이 복합적으로 작용했다면, 업무 관련성은
더욱 강하게 인정될 수 있다.

지난 10년간 근로복지공단의 '자살 산재 신청 및 승인 현
황'을 보면 자살 사건이 점차 증가하는 추세를 확인할 수 있
다. 2013년에는 20건(신청 53건, 승인율 37.7%), 2014년 14건(47
건, 29.8%), 2015년 22건(59건, 37.3%), 2016년 20건(58건, 34.5%),
2017년 44건(77건, 57.1%), 2018년 76건(95건, 80.0%), 2019년 47
건(72건, 65.3%), 2020년 87건(61건, 65.3%)으로 나타났다. 2021년
에는 88건(158건, 55.7%), 2022년 38건(84건, 45%), 2023년 35건
(85건, 41%), 2024년 34건(108건, 31.5%)으로 신청 건수 대비 승인
율은 다소 낮아졌지만, 신청 건수 자체는 높은 수준을 유지하

고 있다.

통계청의 '사망 원인 통계'에 따르면, 2024년 자살 사망자 수는 14,872명으로 2023년보다 894명(6.4%) 증가했다. 같은 기간 인구 10만 명당 자살 사망률은 29.1명으로 2023년 27.3명보다 6.6% 상승했다. 2024년 하루 평균 40.7명이 자살로 사망한 셈이며, 같은 해 교통사고 사망자 수가 2,521명인 것과 비교하면 6배에 가까운 수치다. 2024년 사망 원인 중 자살은 10대부터 40대까지 1위, 50대에서 2위를 차지했다. OECD 국가 간 연령표준화 지표를 기준으로 자살률을 살펴보면, 2024년 OECD 표준 인구 10만 명당 평균 10.8명에 비해, 한국은 26.2명으로 가장 높은 수준이다.

'정신건강 증진 및 정신질병자 복지서비스 지원에 관한 법률(정신건강복지법)'에서는 "모든 국민은 정신질병으로부터 보호받을 권리를 가진다"라고 명시하고 있다. 따라서 일터에서 노동자의 정신건강을 적극적으로 보호하는 노력은 자살과 정신질병 증가를 막기 위해 필수적이다. 국가는 이미 2012년부터 국민의 정신건강을 책임진다고 선언했으며, 보다 적극적인 정책과 실천을 통해 더 이상 안타까운 죽음이 발생하지 않도록 해야 한다.

4.   양심의 대가,
      침묵의 압박

　　만약 기관장의 비리 현장을 목격한다면, 조직의 안위를 위해 모른 척해야 할까, 아니면 공공의 이익을 위해 신고해야 할까? 과거 수많은 '양심선언'으로 불거진 사회적 이슈에 대응하기 위해 2001년 부패방지법이 제정되었고, 국민권익위원회가 설치되었다. 이어 2011년에는 공익신고자 보호법, 2015년에는 청탁금지법이 제정되었다. 그러나 현실에서 공익신고를 바라보는 조직 내부의 시선은 여전히 차갑다. 공익신고자는 내부고발자로 낙인찍히고, 마치 조직을 배신한 '밀고자'처럼 취급된다. 신고 이후 닥칠 이런 후폭풍을 생각하면 쉽게 용기를 낼 수 없다. 이 때문에 '공익신고자' 또는 '내부 공익신고자'가 신분적 · 경제적 불이익을 받지 않도록 엄격한 법적 보호 장치가 필요하다.

공익신고자 보호법은 공익신고자에게 불이익 조치를 가하는 것을 금지한다. 파면·해임·해고 등 신분 상실에 해당하는 조치, 징계·정직·감봉·강등·승진 제한 등 부당한 인사 조치, 본인 의사에 반하는 전보·전근·직무 미부여·재배치, 성과평가나 동료평가에서의 차별과 임금이나 상여금의 차별 지급, 교육·훈련 등 자기 계발 기회의 취소, 예산·인력 등 자원의 제한, 보안·비밀정보 사용의 정지나 자격 취소, 근무조건상의 불이익, 주의 대상자 명단 작성·공개, 집단 따돌림·폭행·폭언, 정신적·신체적 손상을 초래하는 행위, 부당한 감사나 조사와 그 결과의 공개, 인허가 취소, 행정적 불이익, 계약 해지 등 경제적 불이익 조치가 이에 해당한다.

그럼에도 불구하고 여전히 "법은 멀고 주먹은 가깝다"는 것이 현실이다. 내부고발을 다룬 한 영화 속 대사처럼, "법은 약자를 위한 것이 아니라 강자를 위한 것"이라는 냉혹한 인식이 남아 있다. 특히 수직적이고 폐쇄적인 조직문화가 만연한 곳에서는 그 경향이 더욱 심하다.

밀고자

성빈 씨는 공공기관인 L 기관에서 팀장으로 일했다. 2박 3일 일정의 해외 출장에 원장과 동행했다. 해외 마케팅을 위한 중요한 행사였다. 마지막 날 저녁, 원장은 행사 외 일정이 있다며 함께할 것을 제안했다. 공식 일정을 모두 마친 뒤라 성빈 씨는 홀가분한 마음으로 식사 자리에 갔다. 그러나 식당에 들어서는 순간 충격적인 비리 현장을 목격했다. 자리에 앉으라며 술잔을 건네는 원장의 맞은편에 거래처 대표가 앉아 탐욕스럽게 웃고 있었다.

술병이 쌓일수록 찜찜함은 커졌다. 성빈 씨는 비리 현장의 목격자인 동시에 당사자가 되어버렸다. 결국 술자리가 끝나기 전에 자리를 떴다. 그 순간부터 한국으로 돌아올 때까지 머릿속은 복잡했다. "나도 공범이 된 건 아닐까?"라는 갈등에 휩싸였다. 원장이 함께 가자고 했던 의미를 그제야 깨달았지만, 뒤늦은 후회는 아무 소용이 없었다.

귀국 다음 날, 그는 곧바로 국민권익위원회를 찾아가 공익 신고를 했다. 하지만 조직은 성빈 씨를 내부고발자로 몰았고, 밀고자라는 오명을 씌워 '밀정' 취급했다. 훗날 국민권익위원회는 "전임 원장이 공직자로서 출장에서 업무 관련 ○○기업에 술과 향응을 접대받았다는 신청인의 신고는 청탁금지법 위반 행위 신고에 해당한다. … 신청인은 술자리에 참석했으나 부적절한 자리라 판단해 이석했으므로, 향응을 제공받았다고 단정하기는 어렵다"라고 판단했다. 신고가 정당했고, 신고자는 위반행위를 하지 않았다는 뜻이다. 그러나 신고 직후부터 기관에서 성빈 씨를 대하는 태도는 완전히 달라졌다.

성빈 씨의 권익위 신고 사실이 알려지자, 원장은 곧바로 사임했다. 이어 기관은 며칠 동안 강도 높은 감사를 받았고, 기관 문책, 과태료 처분, 수사 요청 등 후속 조치가 이어졌다.

법적으로 공익신고자의 비밀보장 의무는 명확히 규정되어 있다. 누구든 공익신고자임을 알면서 그 인적 사항이나 신원을 유추할 수 있는 사실을 타인에게 알리거나 공개, 보도해서는 안 된다. 그러나 이 기관의 M 본부장은 이를 노골적으로 무시했다. 그는 "성빈 씨와 어울리지 말고 식사도 같이 하지 말라", "관리부실 문제로 곧 징계위에 회부할 것이다", "팀원 전원을 다른 부서로 흩어버리겠다"라는 식의 음해와 협박을 이어갔다. 나아가 "김성빈 팀장이 원장에 대해 투서했다", "업계에서 매장하겠다"라며 성빈 씨가 공익신고자라는 사실을 의도적으로 퍼뜨렸다. "본부장은 갑질하는 사람, 김성빈은 정의의 투사가 됐는데 앞으로 어떻게 되는지 두고 봅시다"라며 비밀보장 의무를 완전히 저버렸다.

결국 성빈 씨는 팀장 보직을 박탈당하고 팀원으로 강등됐다. 그해 근무평정은 최하위인 D등급을 받았으며, 평정자는 다름 아닌 본부장이었다. 과거 관리부실 문제까지 다시 끄집어내 '견책' 징계도 내렸다. 누가 보더라도 보복성 인사 조치였다. 감사 결과, 본부장의 비밀보장 의무 위반에 대해 수사 요청까지 이뤄졌지만, 그는 아랑곳하지 않았다. 기관 내부는 점차 분열됐다. 본부장을 따르는 쪽과 성빈 씨를 지지하는 쪽으로 갈리며 갈등의 골은 점점 깊어졌다.

공익신고 보복

성빈 씨의 인내는 마침내 한계에 다다랐다. 공익신고 후 1년간 이어진 각종 보복성 조치로 인해 숨조차 쉬기 힘든 나날이 이어졌다. 결국 성빈 씨는 권익위에 공익신고자 보호조치를 요청했다.

국민권익위원회는 불이익 조치를 인정하고 "징계(견책)를 취소할 것, 팀장 보직을 부여할 것, 근무평정 결과를 신고 이전 수준 이상으로 상향할 것" 등의 시정을 명했다. 그러나 기관은 이에 굴하지 않고 국민권익위원회 결정을 취소해 달라는 행정소송까지 제기했다. 패소(기각) 이후에야 성빈 씨에 대한 보호조치를 이행하는 척했을 뿐이다.

M 본부장은 공익신고자 비밀보장 의무 위반의 책임을 지고 본부장에서 실장으로 강등되었고, 성빈 씨는 팀장으로 복귀했다. 충격적인 것은, 성빈 씨가 발령받은 ○○실의 실장 자리에 바로 M 본부장을 앉힌 것이다. 이는 직장 내 괴롭힘의 2차전을 알리는 신호와 다름없었다. 실제로 M 실장의 지시로 성빈 씨는 인수인계조차 제대로 받지 못했고, 그의 노골적인 비협조로 인해 일상 업무마저 수행하기 힘든 상황에 놓였다. 국민권익위원회의 신변 보호 결정이 내려졌음에도, 조직 안에서 성빈 씨는 소외와 따돌림을 감내해야 했다. 신고 후 2년째 근무평정도 최하 등급인 D등급을 받았다. 이는 공익신고 이전까

지 단 한 번도 B등급 이하를 받은 적 없던 성빈 씨에게 뚜렷한 불이익이었다. 인사권 남용은 멈추지 않았다.

국민권익위원회는 "공익신고로 인해 불이익 조치가 발생하거나 이미 발생한 불이익 조치를 방치한다면, 공직자 등의 공정한 직무 수행을 보장하기 위한 청탁금지법 위반행위 신고 제도의 목적을 달성할 수 없다"라고 단호히 밝혔다. 그럼에도 L 기관은 또 다른 징계 사유를 끌어내어 성빈 씨에게 '감봉' 징계를 내렸고, 결국 지방노동위원회와 중앙노동위원회 모두에서 부당징계 판정을 받았다. 그러나 성빈 씨의 업무상 스트레스는 끊임없이 누적되었고 해소될 기미는 보이지 않았다.

공익신고 이후 기관에서 신분 폭로와 비난, 비방 등 노골적인 직장 내 괴롭힘을 당한 성빈 씨에게 심각한 불안 증세가 나타났고, 우울과 수면장애가 이어졌다. 결국 정신과 치료를 받지 않을 수 없었다. 공익신고 한 달 뒤, 성빈 씨는 이렇게 호소했다. "직장 스트레스로 급격히 우울해지고 무기력합니다. 아무 생각도 하기 싫고 불안하고, 잠만 자고 싶어요. 공익신고 이후 모함과 나쁜 소문이 퍼지면서 주변 눈치를 보게 되고, 남들 앞에서 말하면 목소리가 심하게 떨려요."

1년이 지나 권익위의 신변보호 조치 결정을 받은 뒤에는 다소 호전된 모습을 보였다. "스트레스는 있지만, 대체로 나쁘지 않아요. 좋게 생각하려 하니 마음이 편해져요." 그러나 또 1년이 지나 인사 발령이 난 뒤 상태는 다시 악화했다. "원상회복을 요구했는데, 제 신분을 공개했던 가해자가 직속 상사로 왔습니다. 상식적으로 어떻게 해야 할지 모르겠어요. 잠을 한숨도 못 잤습니다." 성빈 씨의 정신건강은 조직의 반복된 불이익 조치와 괴롭힘에 따라 호전과 악화를 오가며 깊은 상처를 입었다.

성빈 씨는 결국 공익신고 후 2년이 지나 병가를 신청했다. 약 2년 동안 '적응장애' 치료를 받았지만, 뚜렷하게 나아지지 않았다. 병가에 들어가면서 근로복지공단에 요양을 신청했다. 당시 진단 기록에는 성빈 씨의 상태가 이렇게 묘사되었다. "겉으로는 강인해 보이지만 내면에는 부정적인 감정이 지속되고 있다. 현 상황에 대해 막막함, 불만족감, 불안정감, 위기감을 느끼며 문제를 해결해야 한다는 부담감과 압박감, 위축감, 초조감이 크다. 지속되고 누적된 스트레스로 신체적, 심리적으로 소진된 상태이며 고통과 혼란이 크다. 주변인들에 대한 책임감까지 짊어지며 불의에 맞서야 한다는 태도를 유지하고 있다." 오랜 기간 부당함을 견디며 예민해져 있었지만, 끝까지 자신의 신념을 굽히지 않는 모습이었다. 공익신고 이전에는 정신과 진료를 받은 적이 없었기에 이 고통은 전적으로 신고 이후의 결과였다.

다행히 성빈 씨 곁에는 그를 지지하는 사람들이 있었다. 기관에 노동조합이 있었으나 처음에는 사실상 유명무실했다. 조직이 보복적 조치를 쏟아내는 동안 노동조합은 침묵했고, 이에 조합원들의 분노가 커졌다. 성빈 씨를 지지하는 사람들은 노동조합이 제 역할을 해야 한다고 강하게 주장했다. 이 목소리가 모여 노동조합의 결속은 점차 강화되었고, 마침내 성빈 씨와 함께 기관에 맞서는 힘으로 바뀌었다. 노동조합 위원장이 교체되면서 노조는 달라졌다. 성빈 씨가 겪은 일이 개인적 문제가 아니라는 점을 분명히 하고, 조직의 부당한 행위에 맞서 연대했다. 만약 이 과정에서 노동조합의 변화와 지지가 없었다면, 성빈 씨는 버티지 못했을지도 모른다. 어쩌면 돌이킬 수 없는 무서운 결과로 이어졌을 수도 있다. 결국 성빈 씨를 지탱한 것은, 혹독한 탄압 속에서도 함께 싸운 동료들과 노동조합의 연대였다.

업무상질병판정서는 다음과 같이 업무상 재해를 인정했다.

"전 원장이 거래 업체로부터 술과 향응을 접대받는 현장을 목격하고 이를 국민권익위원회에 공익신고했다. 이후 두 차례 근무평정에서 최하위 등급인 D등급을 받았고, 팀장 보직이 해제되어 팀원으로 전보되었으며 부당 징계(견책)도 받았다. 그러나 국민권익위원회로부터 신분 보호 결정을 받았고, 사업장 측이 이에 불복해 제기한 행정소송이 기각되면서 징계 취소, 팀장 보직 부여, 근무평정 상향 조정이 이뤄진 것으로 조사되었다. 사업장은 이어 용역 수행사 모집을 위한 입찰 공고 과정에서 제안서 정보를 임의로 수정했다는 이유로 신청인에게 감봉 징계를 내렸으나, ○○지방노동위원회와 중앙노동위원회는 모두 이를 부당징계라고 인정했다.

내부고발 이후 신청인은 비난, 비방, 헛소문 등으로 직장 내 스트레스를 겪으며 우울, 무기력, 불안 증상을 호소했고, ○○○○년 ○월 ○일부터 정신건강의학과 치료를 시작했다. 건강보험 수진 기록(최근 10년)에서는 이 진단 이전 정신건강의학과 치료 이력이 확인되지 않았다. 업무 관련성을 살펴보면, 신청인은 ○○○○에서 팀 총괄 업무를 맡아온 근로자로, 전 원장의 청탁금지법 위반 행위에 대한 공익신고 이후 비방과 압박, 부당한 근무평정과 징계 등 인사상 불이익을 받은 사실이 객관적으로 확인된다. 또한 사건 이전에는 신청 상병과 관련된 병력이나 개인적 소인이 발견되지 않았으며, 사건 발생 이후 직장 스트레스로 인한 우울, 무기력, 불안 등의 증상을 호소한 점이 확인되었다. 이러한 시간적 인과관계 등을 종합적으로 고려할 때, 업무 요인이 상병 발병에 영향을 준 것으로 판단되므로 업무와 상병 간의 상당인과관계가 인정된다는 것이 심의위원들의 일치된 의견이다."

면벽 근무

민형 씨 사건은 성빈 씨 사건과 유사한 점이 있다. 민형 씨가 속한 회사의 회장은 권력을 마구잡이로 휘두르며 법 위에 군림하던 인물이었다. 민형 씨는 4년 전 모회사에 입사했는데,

자회사로 옮긴 뒤 1년 만에 해고됐다. 지방노동위원회와 중앙 노동위원회 모두 부당해고라고 판정했으나, 회사는 행정소송을 제기했다. 이때부터 민형 씨는 2년 9개월 동안 소송에 휘말렸다. 그 과정에서 그는 회장을 공익신고했고, 이는 회장의 범죄 혐의를 입증하는 데 중요한 역할을 했다. 결국 회장은 구속돼 실형을 선고받았다. 그러나 민형 씨를 비롯해 공익신고를 했던 이들이 해고된 진짜 이유는 "회장님 방침에 반했다"는 것이었다.

민형 씨는 회사 임원들과 협박죄 등 형사소송까지 겪으며 극심한 업무 스트레스를 받았다. 그럼에도 악착같이 버텨 해고 3년 만에 복직에 성공했다. 하지만 복직 후에는 직장 내 괴롭힘이 이어졌다. 회사는 민형 씨가 스스로 그만두길 바랐다. 첫 번째 조치는 이른바 '면벽 근무'였다. 텅 빈 사무실에서 멍하니 컴퓨터 앞에 앉아 있어야 했다. 프린터에는 일부러 인쇄용지를 채워두지 않아, 인쇄하려면 다른 직원의 허락을 받아 필요한 만큼 종이를 얻어야 했다. 차라리 사비로 용지를 구매할까도 생각했다.

그가 부당함을 제기하자 회사는 기획 업무를 맡겼다. 하지만 제출한 사업기획안마다 "아이디어 수준에 불과하다", "너무 실망이다"라는 핀잔이 돌아왔다. 목적은 평가가 아니라 면박이었다. 심한 날은 손이 떨리기까지 했다. 뒤이어 미화 업무가 주어졌다. 무거운 냉장고를 혼자 버려야 했고, 대형 화분도 혼자 옮겨야 했다. 나중에 "혼자서 짐을 나르는지 감시하라"는 지시가 있었다는 사실을 귀띔받았다. 쓰레기 수거, 분리수거, 폐기물 배출, 바닥 청소, 싱크대 청소까지 구체적으로 할 일이 정해졌다. 해고 전 기획팀장이었던 그의 본래 업무와는 전혀 무관한 허드렛일이었다. 자존감을 무너뜨리고 모멸감을 안겨 퇴직을 유도하려는 것이었다.

민형 씨는 이미 3년 전 부당해고를 당했을 때부터 '적응장애' 치료를 받고 있었다. 소송 과정에서 좋아지고 나빠지기를 반복했으나, 복직 통보를 받을 무렵에는 증상이 상당히 나아 있었다. 봄날 같은 복직을 기대했지만, 돌아온 직장은 곧바로 매서운 한파를 안겼다. 상병 상태가 급격히 악화한 그는 결국 근로복지공단에 요양 신청을 했다.

업무상질병판정서는 "확인된 상병 '적응장애'와 업무와의 관련성 여부를 살펴보면, 신청인은 ㅇㅇㅇ 전달 이후 원거리 발령 협박, 부당해고를 당했다. 이후 복직을 위한 구제 신청과 행정소송, 다수의 소송 절차를 거쳤으며, 복직 이후에도 퇴사를 종용당하거나 원치 않는 부서로 발령받는 등 지속적인 스트레스 요인에 노출됐다. 이러한 사정은 상병 발병에 영향을 미친 것으로 판단되므로, 업무와 상병 간 상당인과관계가 인정된다"라며 심의위원 만장일치로 업무상 재해를 인정했다.

민형 씨는 복직 후 약 4개월간 이어진 괴롭힘 사례를 모아 노동부에 진정을 제기했다. 그러나 노동부는 2개월 조사 끝에

'업무의 적정범위를 벗어난 행위'가 아니라는 이유로 직장 내 괴롭힘에 해당하지 않는다며 사건을 종결했다. 이 같은 판단은 여전히 의문을 남긴다. 정신질병이 직장 내 괴롭힘과 관련해 업무상 재해로 인정되기 위해, 반드시 근로기준법상 '직장 내 괴롭힘'에 해당해야 하는 것은 아니다. 근로기준법이 정한 요건을 충족해야 법적 의미에서의 직장 내 괴롭힘으로 인정되지만, 설령 그 기준에 부합하지 않더라도 업무상 스트레스가 질병 발병에 영향을 미쳤다면 업무 관련성은 인정될 수 있다. 즉, 직장 내 괴롭힘으로 법적 인정을 받아야만 정신질병과 업무의 관련성을 인정받는 것은 아니다.

따라서 노동자 자살이나 정신질병 사건에서 직장 내 괴롭힘이 주요 원인이 된 경우라면, 사실관계를 구체적으로 정리해 주장하는 것이 중요하다. 괴롭힘이 발생한 시점, 강도가 심화된 시점에 따른 노동자의 신체·정신 상태의 호전과 악화를 살펴보면, 업무와 질병 간의 관련성을 확인할 수 있기 때문이다.

당신은 어떤 일을 합니까?

일하며 받은 스트레스 때문에 신체적·정신적 고통이 생겼을 때 무작정 참는 게 능사는 아니다. 사회적 분위기가 분명히 바뀌었는데도 여전히 정신과 진료를 꺼리거나 숨기는 사람들을 자주 본다. 만일 진료실에서 만난 의사가 직업과 하는 일에 관해 묻는다면, 가능한 한 자세히 이야기하는 것이 좋다. 질병의 정확한 진단뿐 아니라 원인을 알고 치료하는 데에 현재 하는 일이나 전에 했던 일이 매우 중요하기 때문이다. 작업환경은 여러 질병의 원인이 되기도 하고, 직접적인 원인이 아니더라도 질병의 진행이나 경과에 영향을 준다. 노동자의 건강과 삶은 일터로부터 분리될 수 없다. 따라서 의사는 환자에게 '무슨 일을 하느냐'고 반드시 물어야 한다.[*] 특히 정신과에서 직업에 관해 살펴보는 일은 더욱 중요하다.

라디오에서 비슷한 취지의 광고가 흘러나오는 걸 들었다. "정확한 진료를 위해선 직업을 묻고 말해야 합니다. 어떤 일을 하시나요? 대부분의 시간을 보내는 일터, 정확한 진료를 위해선 직업을 묻고 말해야 합니다. 직업병 안심센터는 질병을 조기에 발견하고 다양한 사례를 데이터로 관리해 보다 건강하고 안전한 일터를 만들어갑니다. 직업을 가진 국민 모두가 건강할 수 있도록, 직업을 알면 건강이 보입니다"라는 고용노동부 직업병 안심센터 홍보였다. 어색하지만 중요한 말이다.

정신질병 사건을 조사할 때 반드시 진료기록을 확인해야 하는데, 이때 '직장 스트레스'라는 포괄적이고 모호한 기록이 대부분이다. 정신질병의 발병 원인과 효과적인 치료를 위해 의사는 조금 더 세심하게 질문해야 한다. 일터에서 경험한 구체

----

[*] 한국노동안전보건연구소, 『굴뚝 속으로 들어간 의사들』, 나름북스, 2017.

적인 업무 내용과 작업환경을 바탕으로 업무상 스트레스를 확인한다면 해법을 찾는 데에 보다 도움이 될 것이다. 청년기에 일을 시작해 정년퇴직하기까지, 한 사람이 일생에서 가장 많은 시간을 보내는 장소인 일터는 노동자 스트레스의 근원지라 할 수 있다. 그러니 의사는 "당신은 어떤 일을 합니까?"라고, 환자는 "이런 일을 합니다"라고 묻고 대답하는 것이 당연해져야 한다. 업무상 스트레스로 인해 발생한 신체적·정신적 이상 상태를 조기에 진단하고 적극적인 치료 시기를 놓치지 않아야 하기 때문이다.

노동시장과 조직문화의 변화에 따라 노동자들이 호소하는 스트레스의 주요 요인이 빠르게 변하고 있지만, 노동자 자살과 정신질병의 심각성에 대한 사회적 인식은 뒤따르지 못하고 있다. 노동자 정신질병 사건들을 다루면서, 발병한 정신질병이 악화하기 전 업무상 스트레스 요인이 해소되어 극단적 선택까지 이어지지 않은 사건도 목격했다. 노동자 정신건강 보호를 위한 방안으로 업무상 스트레스 요인을 조기 차단하는 일이 얼마나 중요한지 깨달은 계기였다.

5. 욕설과 폭언의
       시대를 건너기

  '사단법인 직장갑질119'는 분기마다 직장인 1,000명을 대상으로 인식 조사를 진행한다. 조사 항목에는 직장 내 괴롭힘과 자살 관련 문항이 포함되어 있다. 2024년 조사 결과에 따르면, 지난 1년 동안 직장 내 괴롭힘을 경험했다는 응답은 1분기 30.5%에서 2분기 32%, 3분기 34%, 4분기 35.9%로 증가해 1년 새 5.4%포인트 높아졌다. 직장 내 괴롭힘 수준이 '심각하다'는 응답도 1분기 46.6%에서 4분기 54%로 7.4%포인트 상승했다. 괴롭힘을 겪은 뒤 자살을 고민했다는 응답은 1분기 15.7%에서 4분기 22.8%로 7.1%포인트 늘었다. 특히 비정규직(24.8%), 비사무직(24.9%), 5인 미만 사업장(28.3%)에서 괴롭힘으로 인한 자해나 죽음에 대한 고민 비율이 높게 나타났다. 더욱 정밀한 분석이 필요하지만, 이 조사 결과는 직장 내 괴롭힘이 점점 늘고 있으며 그

강도 또한 심해지고 있음을 보여준다.

　나는 평소 욕을 자주 하는 편은 아니다. 혹시 욕하더라도 대부분 혼잣말로 한다. 성인이 된 이후에도 혼란스러운 세상에 분노하며 혼자 중얼거린 적은 있지만, 누군가를 마주 보고 욕한 적은 거의 없다. 욕은 분노를 표현하는 가장 원초적인 언어 가운데 하나다. 짧고 강렬하며, 순간적으로 속이 시원해질 때도 있다. 그러나 일터에서 상사가 분노를 참지 못하고 욕설을 퍼붓는다면, 그 자리에 있는 노동자들은 모두 신체적 폭력에 버금가는 상처를 입게 된다. 요즘 같은 시대에 상상조차 하기 어려운 일이다.

　N 팀장은 평소 "병X 같은 게"라는 말을 습관처럼 내뱉었다. 팀원들을 감정을 처리해 주는 쓰레기통으로 생각하는지 그의 말은 늘 거칠고 무례했다. 회의가 끝나고 다른 부서 팀장들이 자리를 뜨면, 그는 곧바로 그들을 헐뜯기 시작했다. "저런 친구가 있으니 회사가 이 모양이지", "여우 같은 X" 같은 폭언은 일상이었다. 직접적인 대상이 팀원은 아니었지만, 이런 언행이 반복되는 환경에 노출된 팀원들은 늘 긴장했고, 정신적으로 지쳐갔다. 그래도 '나한테 하는 말이 아니니까'라고 생각하며 모른 척 넘길 수밖에 없었다.

　N 팀장은 한 팀원을 두고 "관심병사라서 관리 중"이라며 자신의 옆자리에 앉히고 일거수일투족에 간섭했다. 업무 지시라기보다 감시와 통제에 가까웠다. 결국 그 팀원은 버티지 못

하고 퇴사했다. 반면, 자신에게 순응적인 몇몇 직원에게는 지나치게 다정하게 대하며 분위기를 편 가르기로 몰고 갔다. 조직 내 서열과 줄 세우기가 자연스러운 일상이 되어 있었다.

어느 날, 본부장이 참석하는 중요한 회의가 있었다. 회의 전날 팀원들은 팀장의 지시에 따라 보고서를 수정하느라 며칠 밤을 새웠다. 그들의 노력으로 완성된 사업계획 보고서를 팀장은 마치 자신이 혼자 준비한 것처럼 발표했다. 그러나 본부장은 계획이 바뀐 점을 불쾌하게 여겨 싸늘한 표정을 지었다. 팀장은 곧바로 태도를 바꿔 "그건 팀원들이 바꾼 부분이니 재수정하도록 지시하겠다"라고 말했다. 책임을 회피하는 말이었다. 팀원들은 분노를 삼켰다. 자존심이 상했고, 허탈했다. 그럼에도 N 팀장은 "오늘 본부장에게 특별히 부탁해 회식 자리를 마련했으니 맛있는 거 먹고 힘내자"라며 회식 참석을 압박했다. 그 자리에 함께 있는 것만으로도 불쾌했다. 갑작스럽게 잡힌 회식에 팀원 네 명은 각자 이유를 대고 참석하지 않았다.

소심한 저항 이후

다음날 팀장은 독이 잔뜩 올라 있었다. 오랜 기간 준비했던 사업 보고를 마친 팀원들은 한숨 돌리며 연차휴가를 계획해 두었고, 팀장 역시 이를 승인했다. 회식에 불참했던 팀원 네 명 중 세 명은 예정대로 휴가를 떠났고, 한 사람만 출근했다. 복도에서 마주친 팀장은 그를 향해 고함을 질렀다. "너희들을 위해 본부장에게 밥 사달라고 한 건데, 안 오면 내가 뭐가 되냐?", "따로 밥먹은 거 다 알고 있다. 누구랑 먹었냐!"라며 목소리를 높였다. 그동안 뒤에서 다른 팀장에게 욕설이나 폭언을 퍼붓는 장면을 억지로 참고 넘겼지만, 바로 눈앞에서 "뭐가 불만이야?"라며 역정을 내니 두려움마저 느껴졌다. 전날 네 명의 팀원은 작은 저항을 했다. 본부장이 주도한 갑작스러운 회식에 참석하지 않고, 네 명이 따로 식사한 것이다. 반드시 참석해야 하는 자리는 아니라고 생각했는데, 팀장은 이를 모욕으로 받아들였다. 본부장 앞에서 자신의 위신이 깎였다고 생각한 듯했다.

그날 이후 팀장은 팀원 네 명과의 직접적인 소통을 끊었다. 인사를 해도 받지 않았고, 업무 지시는 팀의 대리를 통해서만 전달했다. 이 대리는 '전달자'로 전락했고, 팀원들은 유령 취급을 받았다. 며칠 뒤 사내 익명 게시판에 N 팀장의 행태를 폭로하는 글이 잇달아 올라왔다. 내용은 한결같았다. 상습적인 욕설과 폭언, 반복적인 괴롭힘. 참다못한 직원들이 노동조합을 찾아와 공식 문제 제기를 요구했다. "진작 나섰어야 했다"라는 질책 속에 노동조합은 즉시 회사에 고충 처리 신고를 접수했다. 회사는 N 팀장을 대기발령하고 외부 기관에 조사를 의뢰했다. 조사 결과는 명백해 보였다. 그의 행위는 상식적인 기준에서도 명백한 직장 내 괴롭힘이었다. 징계가 불가피할 것으로 예상됐다. 그러나 아무 일도 일어나지 않았다.

결과는 예상 밖이었다. 외부 기관의 조사 보고서에는 이렇게 적혀 있었다. "N 팀장의 행위가 직장 내 괴롭힘에 해당한다고 명확히 결론 내릴 만큼의 객관적인 언행은 문답서 전반의 내용을 종합해볼 때 다소 부족하다고 판단된다." 그러면서도 어딘가 석연찮았는지 "N 팀장이 팀장직 수행에 필요한 자질을 충분히 갖추었다고 보기 어렵다. 리더십 역량 강화를 위한 프로그램을 마련할 필요가 있다"라는 권고를 덧붙였다. 그러나 징계는 없었다. 대신 회사는 "여러 팀원이 노동조합을 통해 고충을 제기한 점을 고려할 때, 조직개편과 업무 조정 등 분위기 쇄신이 필요하다"라고만 언급했다.

회사 안에서는 '색출'과 '반역'이라는 말이 공공연히 떠돌았다. 사건 초기부터 노동조합과 상의하며 과정을 지켜본 나로서는 이 결과를 도저히 납득하기 어려웠다. 피해자들을 직접 면담한 내용과 사실관계에 기초하면, 그의 행위는 명백한 직장 내 괴롭힘이었다. 그런데 어떻게 이런 결론이 나왔을까. 노동조합은 외부 기관의 조사 보고서 열람을 요청했지만, 회사는 "피해자 보호"를 이유로 거부했다. 같은 피해자, 같은 사건인데 진술 내용과 결론이 이렇게 달라질 수는 없었다. 조사 과정 자체에 문제가 있다고 볼 수밖에 없었다.

외부 기관은 피해자 조사에 앞서 '서약서' 서명을 요구한 바 있다. "조사 과정에서 알게 된 내용을 누설할 경우, 관련 법령에 따라 500만 원 이하의 과태료가 부과될 수 있다. 타인에게 누설하지 않도록 각별히 유념하라." 그리고 이 문구를 반복적으로 강조했다. 물론 근로기준법 제76조의3 제8항은 '피해근로자 등의 의사에 반하여 다른 사람에게 누설해서는 안 된다'고 규정한다. 달리 보면, 피해자가 동의한다면 조사 내용 등을 다른 사람에게 알릴 수 있다는 것이다. 또한, 조사와 관련된 내용을 사용자에게 보고하거나 관계 기관의 요청에 따라 필요한 정보를 제공하는 경우는 피해자의 의사를 묻지 않아도 된다. 그럼에도 조사기관은 '비밀유지의무'와 '과태료 500만 원'만을 반복 강조했다. 그 결과 피해자들은 위축되었고, 진술은 축소되거나 누락되었다. 게다가 여전히 N 팀장은 피해자들의 1차 평가자였고, 본부장이 2차 평가자였다. 이런 구조적 압박 속에서 사건은 자연스럽게 축소 · 은폐됐다.

결국 외부 기관의 보고서에는 "직장 내 괴롭힘 행위에 대한 구체적인 진술이 확인되지 않았다"는 문장이 들어갔다. 이로써 회사는 "보고서상 근거가 부족하다"는 명분을 얻었고, 사건의 본질은 흐려졌다. 직장 내 괴롭힘 문제는 '팀 내 소통 문제', '업무 분장 갈등'으로 둔갑했다. 흥미로운 점은, 보고서 한 켠에 "팀장의 리더십 부재와 역량 강화의 필요성"이 언급되어 있었다는 것이다. 이는 조사 과정에서 팀장의 구체적인 행태를 인지했음을 암시한다. 그럼에도 불구하고 결과적으로 N 팀장은 아무런 징계를 받지 않았다. 조사는 형식만 남았고, 진실은 은폐됐다.

2차 가해

팀장의 직장 내 괴롭힘이 축소·은폐되는 과정에서 본부장도 중요한 역할을 했다. 조사가 한창 진행 중이던 시점에 본부장은 해당 팀 전체 회의를 소집했다. 회의는 약 40분 동안 이어졌고, 대부분이 본부장의 훈화로 채워졌다. 이미 조사를 마친 팀원도 있었지만, 아직 조사를 앞둔 팀원이 더 많았다. 그만큼 회의의 영향력은 클 수밖에 없었다. 본부장의 발언은 사실상 팀장을 두둔하고 피해자들에게 압박을 가하는 내용이었다. 그는 "조직 내에서 생산적인 방법으로 의사소통할 수 있는 루트가 있었는데, 다른 루트로 돌아간 게 안타깝다"라고 말했는데, 이는 곧 "노동조합을 통하지 말고 내부적으로 해결해야 했다"는 의미로 들렸다. 이어 "문제를 해결하는 것이지, 잘잘못을 따질 건 없다"라고 말했다. 이 말은 팀장의 책임을 희석하는 동시에 피해자들의 문제 제기를 깎아내리는 것이었다. 또 "각자 자기 역할이 있으니 알아서들 하면 된다"라고도 했다. 결국 평가가 걱정되면 일이나 잘하라는 식이었다. 그의 모든 발언은 피해자들의 자존감을 짓밟았고, 수치심과 모멸감을 안겼다. 이는 조사 중인 팀원들에게 심리적 위축을 유도하는 명백한 2차 가해였다.

하지만 그의 발언은 여기서 그치지 않았다. 회의 후반부, 본부장은 20여 분간 '축구팀' 비유를 들며 열변을 토했다. "나는 축구단 감독이다. 감독의 기대치는 결과다. 우승을 못 하면 아무리 잘하는 선수라도 교체된다. 축구단이 굴러가려면 구단 주, 감독, 코치, 선수, 스태프 모두 헌신적인 플레이어가 돼야 한다. 헌신적인 플레이어가 많으면 팀은 흥한다. '내가 곧 팀이고, 팀이 곧 나다'라는 마음으로 일해야 한다. 나는 감독이다. 우리 팀이 그런 모습으로, 헌신적이고 존중받으며 인정받는 팀이 되길 바란다. 만약 문제가 있다면, 난 코치는 그대로 두고 선수를 교체할 거다."

이 발언은 팀장은 보호하고, 문제를 제기한 팀원들을 '교체 대상'으로 암시한 것이었다. 조사 중인 피해자들에게 이는 직접적인 위협이자 강력한 메시지였다. 본부장의 '훈화'는 형식상 조직 결속을 말하는 듯했지만, 실제로는 진실을 왜곡하고 피해자들의 입을 막는 또 하나의 폭력이었다.

직장 내 괴롭힘 조사가 진행되는 와중에 팀원들을 불러 헌신과 팀 일체감을 강조하며 전체 회의를 진행한 본부장의 발언은 팀원들에게 반발감을 불러일으켰다. 회의 내내 본부장이 반말을 사용하며 시종일관 권위를 과시한 점도 불쾌했다. 본부장이 감독, 팀장이 코치, 팀원들은 선수에 해당한다는 의중이 명확했다. 회의 말미에 본부장은 "누구는 이리 보내고, 마음에 드는 사람은 저리 보내는 상황이 생길 수 있다. 그렇게 처리하는 게 속이 후련한지 묻고 싶다. 불편함이 있으면 우리끼리 열어놓고 이야기하며 풀자"라고 덧붙였다. 하지만 이는 팀원들을 모아두고 줄 세우기를 암시한 형태였으며, 결과와 상관없이 부서 이동이나 보복적 인사 조치가 단행될 수도 있다는 무언의 압박으로 작용했다.

이에 그치지 않고 본부장은 며칠 동안 팀원 개별 면담을 진행했다. 고충 해소와 의견 청취라는 명분은 있었지만, 평소 하지 않던 시기에 N 팀장 조사와 맞물려 면담을 진행한 점은 분명한 의도가 있었다고 볼 수 있다. 또한 팀장이 대기발령으로 부재한 상황을 관리한다는 이유로, 매일 점심시간마다 점검 회의를 열며 팀원들을 상대로 "점심은 왜 안 먹었나? 일부러 그러는 건가? 시위하는 건가?"라고 쏘아붙였고, "점심시간에 일 시킨다고 익명 게시판에 글 올리는 거 아니냐?"라며 비아냥거렸다. 이러한 본부장의 개입과 압박은 팀장 조사 과정에 그대로 반영되었다. 결국 팀원들은 말을 아꼈고, 목격한 상황이나 들은 말도 굳이 언급하지 않는 방식으로 회사의 공식 절차가 마무리되었다.

아주 유해한 말

노동부 진정 이후 회사는 재조사를 실시했다. 재조사 과정에서 회사는 조사 과정과 결과의 객관성·공정성을 확보하기 위해, 노동조합이 추천한 외부 기관에 의뢰했다. 재조사 결과와 노동부 처리 결과를 종합한 바, 팀장과 본부장의 다수 행위가 직장 내 괴롭힘으로 인정되었다.

　N 팀장은 여러 차례 욕설과 폭언을 사용했다. "여우 같은 X이 본부장에게 알랑방귀 뀐다", "저렇게 입고 다니니 일도 저 모양으로 한다", "무슨 일을 한다고 앉아 있는지 모르겠다. 저런 병X 같은 것들" 등이다. 그 외에도 "내가 다 닦아 놓았더니 능력도 없는 게 누리고 있다", "○○○ 같은 인간을 만나봐야 정신 차린다", "맨날 질질 짜는 X 꼴도 보기 싫다", "지능이 떨어지나? ○○ 달고 저렇게 못 하냐?", "고집불통이라 대화가 안 통한다", "일을 하지 않으면 다른 팀 가야지", "너는 관심병 사다" 등 다양했다. 이 외에도 특정 팀원에 대한 부당한 저평가, 업무를 갑자기 중단시켜 모욕감과 수치심을 유발한 행위 등 다수의 사례가 직장 내 괴롭힘으로 인정되었다.

　한편, 본부장의 축구단 관련 발언은 직접적인 압력을 행사하려는 의도로 보기 어렵다는 이유로 2차 가해로는 인정되지 않았다. 그러나 "외국계 회사였으면 쥐 죽은 듯이 지내야 한다"는 발언, 팀원에게 "일을 그렇게 못하는데 어떻게 그 직급을 달았냐?"라는 발언 등 일부 행위는 직장 내 괴롭힘으로 인정되었다.

　노동자들은 상사의 감정 쓰레기통이 아니다. 근로복지공단의 〈근로자 정신건강 보호 방안 연구(2023)〉 보고서는 다음과 같이 지적한다. "정신건강은 사람들이 생각하고 소통하며 배우고 성장하는 과정에 영향을 미친다. 또한 행복을 인지하는 것은 회복력과 자존감을 강화한다. 정신건강의 상태는 공동체, 사회, 직업적 삶, 관계에 성공적으로 참여하기 위한 요소라 할 수 있다. 그러나 정신건강 문제는 흔히 발생하며, 스트레스가 심하거나 사건이 발생한 후 자주 경험된다. 특히 사업장 내 사회적·심리적 위험 요인은 정신건강 문제와 관련이 있다. 예를 들어, 사업장의 구조적 특징과 일하는 방식이 정신건강과 행복에 영향을 미칠 수 있다."

사용자는 직장 내 괴롭힘 행위가 발생하지 않도록 예방하고 방지하는 데 중점을 두고 인권경영 방침을 수립해야 한다. 동시에 이미 발생한 직장 내 괴롭힘에 대해서는 누구도 예외 없이 단죄해야 한다. 성역 없는 조사와 누구나 수용할 수 있는 적정한 조치를 시행하는 것이 중요하다. 사건을 축소·은폐하지 않고 공식적인 해결을 도모하는 것이 조직 발전의 지름길임을 명심해야 한다.

괴롭힘에 대한 태도

N 팀장의 직장 내 괴롭힘 행위는 진작 차단되어야 했다. 노동조합이 있었고, 다수의 목격자가 있었음에도 팀원들은 참고 참다 몸과 마음이 지쳐 노동조합을 찾을 수밖에 없었다. 다행히 사건이 적절히 마무리되어 팀원들의 정신질병으로 이어지지 않았고, 정신과 치료를 받지 않아도 된 점은 위안이 된다.

노동부 진정을 통해 사건의 실체적 진실이 드러나지 않았다면 그의 행위는 계속됐을 가능성이 크다. 직장 내 괴롭힘이 발생했을 때는 개인적인 해결보다 조직적인 대응 방안을 모색하는 것이 필요하다. 조직적 해결 과정에서 사건을 공식화할지는 차후 단계에서 결정할 문제다. 이번 사건에서는 익명 게시판을 통한 제보와 공식 처리 절차 덕분에 더 큰 피해를 예방할 수 있었다. 만약 회사가 징계 조처를 하지 않았다면, 그는 여전히 "오죽했으면 내가 그랬겠냐"라며 자신의 행위를 정당화했을지도 모른다.

한국노동안전보건연구소는 〈전망을 제시하는 노동안전보건운동 평가 연구(2023)〉에서 국내 산업재해 이슈의 언론 보도 경향을 분석했다. 2013~2022년 노동안전보건 관련 기사량 변화를 살펴본 결과, 직장 내 괴롭힘 기사에 관해 "직장 내 괴롭힘은 물론 최근 새롭게 나타난 현상이 아니지만, 2018~2019년부터 직장 내 괴롭힘이라는 표현으로 직장 공간에서 일어난 갑질이 사회적으로 크게 대두되며 기사량이 증가하였다. 특히 정부가 2018년 '직장 등에서의 괴롭힘 근절 대책'을 수립하였고, 입법과정을 통해 2019년 근로기준법에 직장 내 괴롭힘 금지제도가 시행됨에 따라 사회적으로 공론화되었다. 이후 2021년을 기점으로 가장 많은 기사가 등장하였으며, 최근 보도량은 소폭 감소하였으나 '직장 내 괴롭힘 또는 직장 갑질'이라는 단어가 사회적으로 익숙한 단어로 자리 잡았고, 직장 내에서도 이러한 이슈에 대해 과거처럼 당연한 것으로 여기지 않는 문화가 형성되어 가고 있다"라고 분석했다.

N 팀장의 사례가 모든 일터에서 발생하는 것은 아니지만, 상급자의 노골적인 욕설과 폭언이 여전히 존재한다는 점을 보여준다. 이러한 차이는 조직 문화와 조직 내 민주주의 수준과 관련이 있다. 다행히 피해자들이 용기를 내고, 노동조합이 적극 대응하여 노동부 진정을 통해 사건이 마무리될 수 있었다. N 팀장의 40여 가지 직장 내 괴롭힘 행위와 본부장의 2차 가해 등 10여 가지 직장 내 괴롭힘 행위를 포함한 진정서를 접수한 후, 사건을 담당한 근로감독관은 편파 없이 객관적인 조사를 위해 노력했다. 지금까지 노동부 사건을 진행하면서 경험해 보지 못한 공정한 조사가 도리어 당황스러울 정도였으며, 직장 내 괴롭힘을 대하는 태도가 과거와 달라졌음을 실감할 수 있었다. 이는 사회적으로 직장 내 괴롭힘 이슈가 증가했기 때문으로 보인다.

직장 내 괴롭힘 피해자들은 신체적·정신적으로 매우 취약한 상태에 놓여 있다고 볼 수 있다. 따라서 노동 행정을 집행하는 근로감독관이 신중하고 공정하며 객관적인 태도를 유지하는 것이 무엇보다 중요하다. 노동부 조사 과정에서 N 팀장의 행위와 관련해 복합적인 쟁점이 드러났다. 평상시 그는 다른 팀장을 상대로 "병X 같은 게", "일도 못하는 게", "월급만 축내는 게" 등 욕설과 폭언을 반복했지만, 팀원들에게 직접적인 폭언을 한 것은 아니었다. 그러나 팀원들은 이러한 욕설과 폭언을 반복적으로 들어야 하는 작업환경에 노출되었고, 이는 심각한 신체적·정신적 스트레스를 유발했다. 그는 자신이 다른 팀장보다 우위에 있다는 것을 과시하며, 팀원들에게 줄서기를 강요했다. 협업이 잘되지 않으면 다른 팀장을 문제 삼고, 능률이 오르지 않으면 팀원의 능력 부족으로 탓하며 책임을 전가했다. 이러한 행위는 명백한 직장 내 괴롭힘으로 평가된다.

피해자들은 몸과 마음의 고통을 호소했다. 근로감독관은 직접 판단을 내리기보다는 노동조합과 피해자들의 주장을 주의 깊게 검토했다. 근로감독관은 노동조합과 진정인들이 제시한 50여 가지 직장 내 괴롭힘 행위를 상세히 열거하고, 회사 측에 재조사와 결과 보고를 요구하며 개선 지도를 했다.

결국 N 팀장은 감봉 6개월, 본부장은 감봉 3개월의 징계 처분을 받았다. 징계 수위가 그들의 행위에 비해 낮은 측면은 있었지만, 이는 사용자의 재량 영역으로 받아들였다. 노동조합은 이번 사건에서 피해자들이 용기를 내어 공식적인 절차를 통해 대응함으로써, 축소·은폐될 위험을 막았다는 점에서 큰 의미를 부여했다. 후속 조치로 N 팀장은 다른 지역으로 인사 이동되었으며, 피해자들은 인사 평가에서 불이익을 받지 않았다고 전해 들었다.

6.   과도한 질책이
무너뜨린 삶

많은 기업과 기관이 사고 발생 시 보고 체계를 갖추고, 사고 사례를 전파하는 교육을 시행한다. 이러한 교육의 가장 큰 목적은 유사한 사고의 예방이다. 업무상 실수는 누구에게나 일어날 수 있기 때문에 같은 실수를 반복하지 않도록 노력하는 것이 중요하다. 영민 씨의 사례에서 그는 다시 실수하지 않기 위해, 그리고 이를 만회하기 위해 꾸준히 노력했다. 그러나 관리자가 그의 실수를 악용하며 비난했다. 반복적인 사고 사례 전파와 과도한 비난은 영민 씨가 점점 의욕을 잃게 만들었고 그를 죽음으로 몰고 갔다.

영민 씨는 16년 차 기관사로, 사망하기 4년 전 25만 킬로미터 무사고 달성으로 사장 표창을 받았으며, 2년 전에는 수동운전 우수 기관사로 선정되어 또 한 번 사장 표창을 받았다. 누구나 인정하는 베테랑 기관사였고, 평상시 열차 방송 멘트를 별도로 준비해 승객들이 편하게 느끼도록 애썼다. 그만큼 안내 방송에 대한 칭찬 민원도 많았던 기관사다.

영민 씨는 사망 4개월 전인 2012년 9월, 열차 운행 중 단순 사고를 일으켰다. 당시 상황 보고에 따르면 "40대 여성이 A역 4-2 지점에서 승차할 때 가방이 출입문 밖에 놓인 상태에서 출입문이 닫혔고, A역 승강장 근무자(공익요원)가 기관사에게 수신호를 보냈으나 열차가 그대로 출발해 B역 진입 시 하선 4-4에서 2-2까지 고객의 가방이 스크린도어 장애물 센서 고정 브래킷과 충돌한 사고"였다. 사고 발생 즉시 장애물 센서 고장을 조치했고, 열차는 정상 운행했다. 승객은 공사에 강하게 항의했다. 이러한 사고에 대비해 책정된 예산 범위 내에서 적절한 보상이 이루어졌다. 사고 수습은 마무리됐지만, 관리자는 "스크린도어 센서 교체 비용을 변상해야 한다"라며 그를 압박했다.

영민 씨는 '사고경위서'를 작성해 제출했다. 영민 씨의 '사고경위서'에는 "승강장 공익요원의 비상전호(열차 정지 신호)를 보고 급정거해 터널 내 약 10미터 정도 진입하였음. 위 사실을 열차 관제에 통보하고 후부 확인을 요청하자 '출입문에 가방이 끼었다'라는 연락을 받았음. 열차 관제에 출입문 대표등이 점등된 상태라고 보고했으나, 출발하라는 지시를 받아 수동운전으로 다음 역까지 운행함"이라고 되어 있었다.

공익요원의 수신호를 제대로 인지하지 못한 채 승객의 가방이 낀 상태에서 열차를 운행한 것은 분명 실수였다. 그러나 급정거와 재출발 과정에서 관제실과 협의했던 점을 고려하면, 사고의 책임을 전적으로 영민 씨에게 돌릴 수는 없었다. 기관사가 고장 수리비를 변상한 사례도 없다. 사고 이후 영민 씨는 부끄러웠다. 신입도 하지 않을 실수를 저질렀다는 생각에 마음이 불편했다.

전시된 실수

사고 다음 날, 운영본부장 명의로 '승하차 시민 확인 철저, 불편 의견 최소화'라는 특별 지시가 내려졌다. 승무관리소 소장은 간부회의를 통해 2주간 '출입문 취급 엄정, 승무 교대 및 출고 시 준수사항 엄수' 교육을 집중적으로 실시하도록 지시했다. 출입문 사고 이후 운영본부장의 특별 지시와 승무관리소 소장의 특별교육 지시는 충분히 예상 가능한 조치였다.

교육 담당자는 영민 씨의 사고 당시 CCTV 영상을 이용해 교안을 만들었다. 승무 점호 시간에 기관사들을 대상으로 교육할 때 사례 영상을 활용하는 것은 효과적일 수 있다. 그러나 2주 내내 같은 영상을 반복 재생하며 영민 씨를 비난할 필요는 없었다. 그때부터 관리자의 과잉 대응이 시작됐다. 관리자는 교육 중 "기관사로서 자질에 문제가 있다"라는 험담을 일삼았고, 영민 씨를 지목해 별도로 특별교육까지 시행했다. 승무관리소 소장은 매뉴얼에도 없는 "기관사 교대 시 5분 동안 대기하며 다음 근무자가 열차를 출발시키는 것까지 확인하고 돌아가라"라는 지시를 내렸다. 모든 지시사항에 '특별'이라는 단어가 붙었다.

소장은 승무관리소 소속 기관사가 사례 전파의 원인이 된 사고를 일으켰으니 문책하겠다는 취지로 영민 씨를 몰아붙였다. 기관사로서 명예로운 무사고 실적으로 사장 표창을 받을 정도로 존경받던 영민 씨는 불과 며칠 만에 사고뭉치로 전락했다. 다만 이 사건으로 징계를 받지는 않았다.

영민 씨의 사고 6개월 전에 기관사가 자살하는 사건이 있었고, 그 사건은 업무상 재해로 인정받지 못한 상태였다. 행정소송이 진행 중이었으며, 노동조합은 통제적·억압적 조직문화의 개선을 요구하며 투쟁을 이어가던 시기였다. 이런 상황에서 소장을 비롯한 관리자들은 무슨 호기를 잡은 사람들처럼 영민 씨를 비난하는 데 열을 올렸다.

영민 씨는 노동조합 간부였다. 관리자들과 노동조합 사이의 적대적 관계가 고스란히 반영된 셈이었다. 관리자의 과잉 대응은 지속됐고 점점 확대됐다. 교육의 필요성은 충분히 공감할 수 있지만, 개인을 비난하는 방식으로 사고 영상을 반복 상영하며 악용한 것은 명백한 문제였다. 노동조합이 교육의 내용과 방식을 바꾸라고 항의했지만, 관리자들은 멈추지 않았다.

단순한 사고는 하루아침에 기관사 인생에 깊은 오점을 남긴 충격적인 사건으로 변질됐다.

서울도시철도 소속 기관사를 대상으로 한 역학조사 결과, 기관사들은 공황장애를 앓는 비율이 성인 남성에 비해 7배 높고, 외상후스트레스장애PTSD는 4배, 주요 우울증은 2배 높은 것으로 나타났다.[*] 그만큼 기관사들의 정신건강 보호를 위한 적극적인 조치가 절실했지만, 공사는 개인의 단순 실수를 개인 책임으로만 몰아갔다.

이러한 조직문화와 작업환경은 영민 씨가 스스로 생을 마감하게 된 주요한 요인으로 작용했다. 이미 2012년 3월 기관사 자살 사건 이후, 노동조합과 공사는 "동일한 사고가 재발하지 않도록 근본적인 방지 대책을 수립하고, 신경정신계 질환 유증상자에 대해 치료를 보장하며, 본인이 원할 경우 전직 또는 전환 배치를 실시한다"라는 내용의 합의서를 작성했었다. 그럼에도 불과 10개월 뒤, 또다시 기관사가 스스로 목숨을 끊는 비극이 발생했다는 점에서 더욱 안타까운 사건이었다.

심리부검

영민 씨는 2012년 9월 사고 발생 후 2013년 1월 사망하기

---

[*] 가톨릭대학교 성모병원, 도시철도 기관사 정신보건 임시건강진단 최종보고서, 2007.09.14.

까지 약 4개월 동안 일상생활과 업무 수행 과정에서 큰 변화를 보였다. 평생 정신과 진료를 받은 적이 없었고, 사망 전 4개월 사이에도 정신과 치료를 받지 않았다. 따라서 영민 씨의 신체적 · 정신적 이상 상태가 악화하는 과정은 객관적으로 잘 드러나지 않았다. 이 기록은 가족, 동료, 지인들의 기억 속에 산발적으로 남아 있을 뿐이었다. 가방 끼임 사고는 중요한 업무상 스트레스 요인이었고, 이상 상태 발현의 출발점이었다. 그러나 사고 4개월 만에 영민 씨가 자살할 정도의 상태에 이르렀는지 확인할 필요가 있었다.

자살한 사람의 사망하기 전 생활환경이나 사건 및 행적 자료를 바탕으로 죽음에 이르게 된 심리를 조사하는 것을 '심리부검'이라고 한다. 전문가들은 심리부검을 통해 사망 과정을 재구성하고, 자살 동기를 밝히기도 한다. 다양한 사례를 비교 분석함으로써 자살 진입 지점을 확인하고 예방 기준 마련에도 활용한다. 영민 씨 사망 후, 노동조합과 공사는 전문가를 통한 심리부검을 고려했지만, 당시 여러 사정으로 시행하지 못했다. 다만 영민 씨 수첩에는 굵은 펜으로 적은 'A역 40대 여자 가방'이라는 메모와 여기에 반복적으로 빨간 동그라미를 친 기록이 남아 있었다. 이 메모는 가방 끼임 사고가 사건의 출발점임을 보여주는 단서였다. 또한 약 2주간 진행된 공사의 사례 전파교육은 업무상 스트레스의 강도를 높이는 요인으로 작용했다.

하지만 사고 후 사망까지 3개월가량의 시간적 공백이 있었다. 이 기간에 특별한 업무상 마찰이나 흔히 말하는 충격적인 '이벤트'는 확인되지 않았다. 따라서 2012년 9월 가방 끼임 사고부터 2013년 1월 사망에 이르기까지 영민 씨의 일상과 직장 생활의 변화를 알아야 했다. 나는 영민 씨의 일상을 자세히 살피는 방식으로 심리부검을 준용하여 가족, 지인, 동료들을 만났다. 노동조합을 통해 확보한 기초 자료를 분석했고, 동료 기관사 5~6명을 한자리에 모아 달라고 부탁했다. 시간을 넉넉히 잡아두고 이들을 맥줏집에서 만났다. 나에게는 충분한 조사가 목적이었지만, 이들에게는 긴장을 푸는 시간이 되기를 바라는 마음도 컸다.

처음엔 모두 침묵했다. 테이블 위에 펼쳐 두었던 수첩과 자료를 모두 치웠다. 서로 눈치를 보며 말을 아끼는 이들에게 딱딱한 조사 절차를 이어가는 건 적절하지 않아 보였다. 그래서 "일단 생맥주 한잔하시죠"라고 말을 꺼냈다. 동료를 떠나보낸 슬픔을 달래고 서로를 위로할 시간이 필요했다. 이들 모두 고인에 대한 부채 의식이 있었다.

푸념과 넋두리 속에서 눈물, 분노, 죄책감, 미련이 뒤섞였다. 부둥켜안고 울다가도, 먼저 간 동료를 원망하며 지난 4개월을 되짚었다. 사고 사례 전파교육을 거치며 영민 씨의 '기관사 자질'이 도마 위에 올랐던 상황에서 관리자들과 더 강하게 맞서지 못한 점을 후회했다. "한마디로 영민 씨를 바보로 만든 거다"라는 말이 나왔고, 모두 분노하고 자책했다. 무엇보다 중요한 건, 가방 끼임 사고 이후 영민 씨의 심적 부담이 점점 커졌고 이상 증세가 악화했다는 점이었다. 의학적으로 정신질환이 확진된 것은 아니지만, 대화를 통해 그의 정신적 상태를 가늠할 수 있었다. 일상생활과 직장 생활에서 나타난 변화에 초점을 맞춰 이야기를 들었다.

영민 씨는 평소 과묵했지만 성실하고 책임감이 강했다. 차량 편성 시간 등 업무에 필요한 사항을 늘 수첩에 꼼꼼히 메모하는 습관이 있었다. 자녀들과 자주 함께 놀았고, 특히 야구를 좋아했다. 동료들은 공통으로 "소심한 사람은 아니었다"고 기억했다.

자살의 단서들

영민 씨는 2012년 9월 중순 가방 끼임 사고 이후 눈에 띄게 위축됐다. 식사를 제대로 하지 못했고, 열차 운전에 대한 걱정과 불안이 커지는 모습을 동료들이 공통으로 목격했다. 신체적 · 정신적 이상이 뚜렷해진 시점과 계기는 일상에서 드러났다. 영민 씨는 평소 한 야구단의 열성팬이었다. 선수 이름만 대도 성적과 세부 기록을 줄줄이 말할 만큼 야구 분석에 능했다. 그러나 2012년 10월 초, 응원하는 팀이 힘겹게 준플레이오프에 진출해 접전을 벌이던 시기에 그는 단 한 번도 경기에 관심을 보이지 않았다. 그렇게 즐기던 야구에조차 흥미를 잃었다.

사망 한 달 전인 12월 무렵에는 얼굴이 창백해졌고, 인사를 해도 반응이 없었다. 걱정스러운 마음에 "무슨 일 있냐"라고 묻자, 영민 씨는 오히려 "왜, 내가 무슨 서운한 일이라도 했냐"라고 되물었다. 그 무렵 교통카드 유실물을 주웠을 때도 어찌할 바를 몰라 해서 유실물센터에 연락하라고 알려주었다. 동료는 "한두 번 겪는 일도 아닌데 왜 그럴까?"라고 이상하게 여겼다. 연말정산을 둘러싼 일화는 충격적이었다. 국세청 홈페이지에서 자료를 내려받아 출력해 제출하는 단순한 일이었지만, 그는 컴퓨터 앞에 앉아 "어떡하지, 어떡하지"를 되뇌었다. 무슨 문제냐고 묻자 "프린트하면 컴퓨터가 망가질 것 같다"라는 이상한 말을 했다. 동료가 대신 출력해 주었지만, 그때는 단순한 농담으로 여겨 영민 씨의 정신 상태가 심각한 수준임을 알아차리지 못했다.

　　사망 3일 전부터 사망 2일 후까지는 공사 아카데미 사이트를 통해 필수 직무교육을 이수해야 했다. 그러나 영민 씨는 "교육 이수를 못할 것 같다"라고 말하며 공포심을 보였고, 결국 교육 신청조차 하지 못했다. 열차 운전에 대한 두려움은 이미 극에 달해 있었다. 사망 직전 1~2일간의 근무표에는 하루 세 차례 열차 운행이 잡혀 있었다. 두 번째 운행을 마친 뒤 휴게실에서 깊은 한숨을 내쉬며 "아, 열차 타는 게 너무 힘들다"고 말했다. 그 무렵 영민 씨의 일상은 이미 조용히 무너지고 있었다.

영민 씨의 정신적 이상 증세는 집에서도 이어졌다. 그는 손재주가 좋아 가전제품이나 생활용품이 고장 나면 대부분 직접 고쳤다. 그러나 11월 초 세탁기 연결 호스에 문제가 생겼을 때, "내가 알아서 할게"라고 말한 뒤 끝내 수리하지 않았다. 이전 같으면 바로 고쳤을 일이었다. 부인은 그가 자존심에 상처를 입을까 걱정돼 굳이 수리기사를 부르지 않았다. 그렇게 기다렸지만, 영민 씨는 다시 예전 모습으로 돌아오지 않았다.

2012년 11월, 사망 두 달 전부터는 작은 방에서 혼자 누워 있는 시간이 늘었다. 누워 있어도 좀처럼 잠들지 못했고, 점심을 먹고 나서도 "저녁까지 뭘 해야 할지 모르겠어"라며 안절부절못했다. 시계를 자주 보며 "시간이 너무 빨리 간다"라고 중얼거렸고, 열차 운행 시간이 다가오는 것을 두려워했다. 평소 거울을 보며 직접 머리를 다듬곤 했지만, 어느 날은 가위를 든 채 "도저히 할 수가 없네"라고 말하며 멍하니 거울만 바라봤다. 아이들과 놀아주지도, 안아주지도 않았다. 일상에서 흥미와 즐거움이 완전히 사라진 것이다.

그에게서는 수면장애, 초조, 피로, 에너지 상실, 사고력과 주의력 저하, 우유부단 등의 증상이 일정 기간 지속적으로 나타났다. 지나친 걱정이 통제되지 않았고, 집중력 저하와 불안이 심해졌다. 사망 직전에는 극심한 우울장애와 불안장애의 양상을 보였다.

수습보다 예방으로

영민 씨의 사망은 개인의 문제가 아니라 구조적 요인에서 비롯된 비극이었다. 기관사는 정해진 운행 시간에 맞추기 위해 늘 시간에 쫓기며 승객을 서둘러 탑승시켜야 한다. 승강장에서 승차를 보조하는 공익요원들은 전문성이 부족했고, 열차 관제실은 인명사고로 직결되지 않는 한 배차 간격 유지를 우선했다. 승무관리소 또한 기관사들이 충분히 휴식하며 안전 운전을 할 수 있는 여건을 마련하지 않았다. 모두가 인력 부족을 알고 있었지만, 교번표는 여전히 기관사들을 한계까지 몰아붙이는 방식으로 작성됐다. 이런 시스템적 문제들이 얽힌 상황에서 영민 씨의 '가방 끼임 사고'는 단순한 개인의 실수로만 볼 수 없었다. 그러나 조직은 책임을 개인에게 전가했다. 마치 마녀사냥하듯 기관사 자질을 문제 삼으며 비난에 몰두했다. 그 사이 영민 씨의 신체적 · 정신적 상태는 급격히 악화했다. 결국 그는 생을 마감하게 되었다.

영민 씨의 변화는 한마디로 '일상의 붕괴'였다. 사고 이후 극심한 스트레스로 인해 흥미와 즐거움을 잃었고, 세상과 단절된 듯한 고립감에 빠졌다. 판단력은 흐려졌고, 일상적인 생활조차 어려워졌다. 열차 운전은 더 이상 감당할 수 없는 두려움이 되었다. 사고 발생 2주 후부터는 '역류성 식도염' 증상이 심해져 한 달 간격으로 내과 진료를 받았다. 사망 3주 전 진료기록에는 "업무 스트레스가 많고, 우울 증상 및 불면 증세가 있다"는 소견과 함께 '수면 개시 및 유지 장애' 진단이 기재되어 있었다. 15일분의 수면 유도제가 처방되었다.

영민 씨는 억울함을 호소했지만, 점점 위축되어 갔다. 그의 일상이 무너지는 과정을 통해, 자살에 이를 정도의 중대한 업무상 스트레스를 겪었음이 명확히 드러난다. 다행히 2013년 6월, 근로복지공단 업무상질병판정위원회는 그의 사망을 '업무상 재해'로 인정했다. 행정소송까지 갈 것으로 예상됐던 사건이었지만, 그나마 근로복지공단이 결론을 냈다. 2013년 당시에는 '직장 내 괴롭힘 금지법'이 존재하지 않았다. 그러나 관리자들이 영민 씨에게 반복적으로 가한 비난과 험담은 오늘날 기준으로 보면 명백한 직장 내 괴롭힘에 해당한다.

노동자가 일하는 과정에서 심리적 안정감을 느끼는 것은 무엇보다 중요하다. 업무와 관련된 의견을 자유롭게 제시하더라도 불이익을 받지 않을 것이라는 신뢰가 전제되어야 한다. 조직은 노동자가 불안을 느끼지 않도록 안전한 분위기를 조성해야 하며, 체계 안에서 누구나 솔직하게 의견을 말할 수 있어야 한다. 업무 능력이 다소 부족하거나 실수하는 동료가 있다면, "어떻게 도와줄까?"라고 물을 수 있는 조직이 건강한 조직이다. 노동자의 실수를 개인의 책임으로 돌리는 우를 범해선 안 된다.

2024년 10월 이용우 국회의원실이 근로복지공단 자료를 분석해 발표한 '직장 내 괴롭힘으로 인한 산업재해 신청 현황'에 따르면, 관련 산재 신청은 꾸준히 증가하고 있다. 2019년 25건(승인율 80.0%)에서 2020년 104건(69.2%), 2021년 173건(75.7%), 2022년 210건(65.7%), 2023년 262건(70.6%)으로 해마다 늘었고, 2024년 8월까지 이미 207건(62.3%)에 이르렀다. 직장 내 괴롭힘으로 인한 자살과 정신질환은 점점 더 증가하는 추세다. 노동부 통계에서도 같은 흐름이 확인된다. 직장 내 괴롭힘 신고 사건 처리 건수는 2020년 5,823건, 2021년 7,774건, 2022년 8,961건, 2023년 10,028건으로 매년 큰 폭으로 늘었다. 이는 앞으로 노동자 자살과 정신질병을 '업무상 재해'로 인정받는 사례가 더 많아질 가능성을 시사한다.

직장 내 괴롭힘은 단순히 개인 간의 갈등이 아니라, 업무 수행 전 과정과 긴밀히 연결된다. 업무의 내용과 양, 속도, 일정, 관리체계, 작업환경, 조직문화, 직장 내 인간관계, 개인과 조직 간 역할 분담, 경력개발, 고용 안정성, 보상 체계 등 노동자의 일상 전반에 영향을 미친다. 노동자의 자살과 정신질병 같은 비극적 사건을 막기 위해서는, 괴롭힘이 발생한 뒤 수습하는 수준을 넘어, 애초에 직장 내 괴롭힘을 예방하고 방지하는 사회적 체계를 구축해야 한다. 예방 중심의 사회로 나아갈 때, 비로소 노동자가 심리적 안정감을 느낄 수 있는 일터가 만들어질 것이다.

3부

상처 입은 자리:
성희롱, 차별, 혐오의 흔적

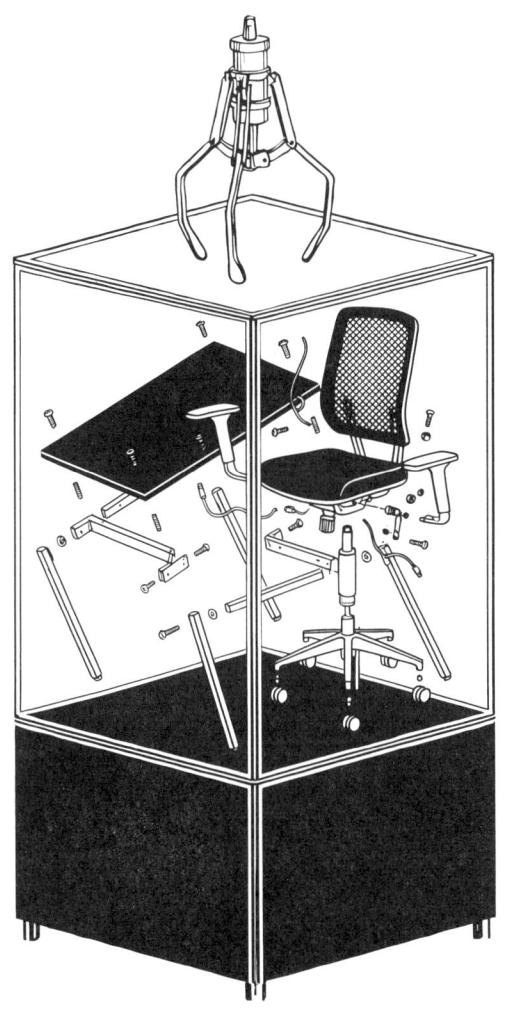

1. 직장 내 성희롱 피해자의
       전쟁

'남녀고용평등과 일·가정 양립 지원에 관한 법률(남녀고용
평등법)'은 '직장 내 성희롱'을 다음과 같이 정의한다. 사업주,
상급자 또는 노동자가 직장에서의 지위를 이용하거나 업무와
관련해 다른 노동자에게 성적 언동 등으로 성적 굴욕감이나 혐
오감을 느끼게 하는 행위, 또는 그러한 요구에 따르지 않았다
는 이유로 근로조건이나 고용에서 불이익을 주는 행위를 말한
다. 여기서 '성적 언동'에는 신체적, 언어적, 시각적 행위 등 성
적 수치심을 일으키는 모든 행동이 포함된다.

누구든지 직장 내 성희롱 발생 사실을 알게 되면 사업주에
게 신고할 수 있다. 사업주는 신고한 노동자나 피해자(또는 피해
를 주장한 노동자)에게 불리한 처우를 해서는 안 된다. 또한 성희
롱 사실을 신고받거나 알게 된 경우 즉시 사실관계를 확인하고

조사를 실시해야 한다. 조사 과정에서는 피해자가 성적 수치심을 느끼지 않도록 보호해야 하며, 필요할 경우 근무지 변경이나 유급휴가 부여 등 적절한 조처를 해야 한다. 단, 이러한 조처는 피해자의 의사에 반해서는 안 된다.

성희롱 발생 사실이 확인되면 사업주는 즉시 행위자에 대해 징계나 근무지 변경 등 필요한 조치를 해야 하며, 그 전에 반드시 피해자의 의견을 들어야 한다. 남녀고용평등법은 이처럼 조사와 처리 절차를 비교적 구체적으로 규정하고 있다. 이는 성희롱 사건이 과거에는 축소·은폐되거나 개인의 일탈로 치부되며 가볍게 여겨졌던 관행을 반영한 것이다. 특히 성희롱 사건은 초기에 사업주가 적절히 대응하지 않으면 2차, 3차 피해로 번지기 쉬우므로, 신속하고 정확한 초기 조치가 무엇보다 중요하다.

조롱하는 사무실

지안 씨는 기술직 경력으로 입사한 여성 노동자였다. 그가 근무한 사무소는 협력사를 포함해 약 20명이 일했고, 여성은 지안 씨 혼자였다. 입사 후 얼마 지나지 않아 본사 임원이 사무소를 방문했다. 업무 적응도를 살피는 목적도 있었지만, O 부장이 제출한 보고서의 오류를 확인하기 위한 방문이었다. 지안 씨는 자신이 파악한 사실을 그대로 설명했다. 임원이 떠난 뒤

부장은 지안 씨를 불러 "사무실 일을 외부에 알리지 말라"고 말했다. 본사에 사실대로 보고한 것을 불쾌하게 여긴 것이다. 그는 "일을 제대로 하지 못하면 전원을 집합시킬 수도 있다. 지안 씨 때문에 모두가 혼나는 일이 없도록 하라"며 위협 섞인 경고를 했다. 부장이 권위를 앞세워 거친 태도를 드러낸 것은 보고서 오류에 대한 임원의 지적이 불편했기 때문인 듯했다.

지안 씨는 평소 동료들과 사적으로 어울릴 필요가 없다고 생각했다. 여성은 자신뿐이었기에 괜한 빌미를 주지 않는 것이 현명하다고 여겼다. 입사 후 3개월쯤 된 어느 날 점심시간, P 주임이 "김○○ 어때요?"라고 물어왔다. "무슨 말씀이죠?"라고 되묻자 "괜찮으면 둘이 만나볼 수도 있잖아요"라고 했다. 김○○은 협력사 남성 직원이었다. 지안 씨가 단호히 거절하자, 그는 "'입구 컷' 제대로 당했네"라며 키득거렸다. 지안 씨는 조롱당했다는 모멸감이 들었지만 참았다.

며칠 뒤, 업무 협조를 구하려고 P 주임 자리로 간 지안 씨는 그의 모니터를 보고 깜짝 놀랐다. 남성 직원 3명이 단체 대화방에서 자신을 희롱한 내용이 그대로 떠 있었다. "김○○의 임자", "임자 두고 집에 감", "뚱뚱이, 눈 버려요", "살 빠진 것 같은데", "아줌마는 싫습니다" 등 노골적인 성희롱 대화가 이어지고 있었다. 지안 씨는 급히 화면을 사진으로 찍고, 즉시 삭제하라고 요구했다. 그리고 O 부장을 찾아가 세 사람에 대한 성희롱 조사와 조치를 요청했다. 그러나 한 달이 지나도 아무런 조치가 없었다. 본사에 문의하자 인사팀은 "부장에게서 보고받은 사실이 없다"라고 답했다. O 부장이 사건을 묵살한 것이다.

지안 씨는 경위서를 작성해 본사에 직접 조치를 요청했다. 이후 부장의 태도는 더욱 고압적으로 변했다. 그는 업무 지시 중 지안 씨의 팔을 주먹으로 툭툭 치거나 "똑바로 해"라고 다그쳤다. 회의 중 지안 씨가 기술적 오류를 지적하자 "그냥 시키는 대로 하세요, 눈치껏 좀!"이라며 핀잔을 줬다. 때로는 "도대체 왜들 이래"라고 고함을 지르며 손으로 벽을 치고 발로 차는 등 위협적인 행동도 했다. 욕설과 폭언이 뒤따르기 일쑤였다.

이 모든 행위는 근로기준법이 금지하는 '업무의 적정 범위를 넘어선 직장 내 괴롭힘'에 해당했다. 남성이 다수인 사무소 안에서 남성 중심의 상명하복식 위계질서는 군대와 다름없었고, 그 왜곡된 조직문화가 업무 전반에 그대로 투영되고 있었다.

위계로 덮은 폭력

지안 씨는 고민 끝에 최상급자인 센터장을 찾아갔다. 센터장은 원청 소속으로 여러 하청업체를 총괄 관리하는 위치에 있었다. 부장이 위계와 권력을 이용해 자신을 억눌렀던 만큼, 지안 씨는 같은 구조의 위계로 대응해야 한다고 판단했다. 그는 센터장에게 면담을 요청했고, 저녁 식사를 겸해 만나기로 했다. 그 자리에서 지안 씨는 지난 몇 달 동안 겪은 부장과 주임 등의 직장 내 성희롱과 괴롭힘 상황을 사실대로 설명했다. 센터장은 진지하게 이야기를 들으며 때로는 위로의 말을 건넸고, 함께 해결책을 찾아보자고 제안했다.

하지만 식사가 끝난 뒤 충격적인 일이 벌어졌다. "자리를 옮겨 좀 더 얘기하자"라며 2차를 권하던 센터장은 정중히 거절하는 지안 씨에게 강제 추행을 가했다. 그날 밤 지안 씨는 "본사 조치가 더디더라도 기다렸어야 했나" 하는 자책에 시달렸다. 공식 절차를 기다리지 못하고 조바심 끝에 직접 움직인 것이 화근이 되었다고 생각했다.

그는 다음 날 즉시 경찰에 센터장을 강제 추행 혐의로 고소했다. 소문은 순식간에 퍼졌다. 센터장은 "시간을 내주신다면 진심으로 사과드리고 싶다"라는 문자를 여러 차례 보내며 사태를 무마하려 했다. 지안 씨는 본사를 통해 원청에 공식적이고 신속한 조사와 후속 조치를 요구했다. 자신의 범행을 잘 알고 있던 센터장은 곧바로 사직서를 제출했다. 그리고 원청은 급히 사직 절차를 마무리하며 "이 정도면 책임을 다했다"라며 사건을 종결했다. 그 이후, 어떤 후속 조치도 없었다.

센터장은 이미 퇴사했지만, 부장, 과장, 차장이 차례로 지안 씨를 찾아왔다. 그들은 센터장의 강제 추행 사건과 관련해

"형사 합의를 하고, 처벌을 원하지 않는다는 각서를 써 달라" 고 요구했다. 이들의 행위는 명백한 2차 가해이자, 직장 내 괴롭힘에 해당했다. 지안 씨는 상급자들의 부당한 요구를 단호히 거부하며 버텼다. 그러자 부장은 "화합을 해치고 있다"라며 "센터에 남을지, 원거리 발령을 받을지 결정하라"고 압박했다. 차장과 과장 또한 권한을 남용해 지안 씨의 일상과 심리적 안정을 무너뜨렸다. 지속적인 압박과 따돌림 속에서 지안 씨는 불안, 불면, 우울, 회피, 자신감 저하 등의 증상을 보였고, 상태는 급격히 악화했다. 부장은 복도에서 마주친 지안 씨에게 "야, XX, 너 혼자 일해?"라고 폭언을 퍼부을 정도로 폭력적이었다.

결국 지안 씨는 외상후스트레스장애 진단을 받았다. 이후 회사는 O 부장에게 직위해제 및 정직 1개월, P 주임에게 견책, 차장과 과장에게 경고 처분을 내렸다. 이들의 행위에 비해 턱없이 가벼운 징계에 지안 씨는 깊은 배신감과 허탈감을 느꼈다. 그에게 본사는 더 이상 믿을 수 있는 보호자가 아니었다.

2주간의 유급병가를 마치고 복귀했을 때, 센터장은 이미 다른 사업장으로 옮겨 새 직장생활을 시작한 상태였다. 부장은 정직 중임에도 "중요한 업무가 있다"며 사무소를 자유롭게 드나들었다. 본사는 이런 행태를 알고도 묵인했다. 지안 씨만이 고통을 겪었다. 그를 제외한 사무소의 일상은 아무 일 없던 듯 평온했다. 그 평온함이야말로, 조직이 폭력을 은폐하고 지속시키는 가장 완벽한 방식이었다.

돌아가지 못한 일터

지안 씨의 정상적인 일상은 이미 오래전에 사라졌다. 원청, 본사, 사무소 구성원들은 오히려 지안 씨를 모든 사태의 원흉으로 여기는 듯했다. 그의 신체적·정신적 이상은 더욱 심해졌다. 사무소로 향하는 길은 마치 도살장으로 끌려가는 가축의 심정과 다르지 않았다. 이제 절대적인 안정과 치료, 휴식이 절실했다. 그러나 본사는 유급휴가를 더 이상 부여할 수 없다고 했다. 연차휴가마저 모두 소진한 지안 씨는 무급휴직을 요청했지만, 회사는 이마저도 불가하다는 태도를 보였다. 마치 지쳐 쓰러져 스스로 떠나길 바라는 듯한 분위기였다. 결국 지안 씨의 정신적 이상은 더욱 악화했고, 그는 산업재해보상보험법에 따른 요양 신청을 결심했다.

근로복지공단에 요양 신청이 접수된 이후 본사의 태도는 다소 달라졌다. 요양 승인 여부가 결정될 때까지 무급휴직을 승인한 것이다. 어쩌면 지안 씨의 외상후스트레스장애가 업무와 밀접하게 관련되어 있다는 사실을 본사도 알고 있었을지 모른다. 무급휴직이라도 허락받기 위해 죄인처럼 굽실거리던 지안 씨는 진작에 요양 신청을 했어야 했다고 뼈저리게 후회했다.

업무상질병판정서에는 다음과 같이 적혀 있었다. "신청인의 연령, 신체조건, 요양급여 신청 경위, 경력, 상병 치료 경위및 경과, 작업환경, 근무시간, 업무 내용, 과거 병력, 진료기록, 신청인과 사업주의 진술 등을 종합 검토한 결과, 신청 상병인 '외상후스트레스장애'는 의무기록과 검사 결과로 상병이 인지된다는 의학적 소견이다. 신청인은 ㈜○○○ 소속으로 ○○○○센터에 파견되어 기술 지원 등의 업무를 수행한 과정에서 다수의 직장 내 구성원들로부터 괴롭힘, 성희롱, 성추행을겪은 사실이 객관적으로 확인된다. 또한 이 과정을 겪은 이후지속적으로 정신과적 증상을 호소한 점을 고려할 때, 업무로인해 상병이 발병하거나 악화되었을 개연성이 높다고 판단된다. 따라서 신청 상병과 업무 간의 상당인과관계가 인정된다."

요양 승인 통보를 받은 지안 씨는 충분한 치료를 거쳐 반드시 사무소에 당당하게 복귀하겠다고 다짐했다. 참혹했던 지난 시간을 되갚기 위해, 멀쩡한 모습으로 돌아가겠다는 결심이었다.

지안 씨는 요양 종결을 앞두고 본사와 협의에 나섰다. 본사는 겉으로는 지안 씨를 배려하는 듯하면서 계속 다른 지역발령을 제안했다. 하지만 지안 씨는 이미 부장이 다른 곳으로옮겨갔고 센터장도 없으니, 나머지 사무소 구성원들의 변화가 없더라도 복귀할 수 있다고 판단했다. 요양 종결 결정을 위해 근로복지공단 자문의 심의에 마지막으로 참석했다. 근로복지공단 지사와 사무소는 가까운 거리에 있었다. 그때까지 지안 씨는 이제 충분히 이겨낼 준비가 되었다고 믿었다. 그러나 실제로는 달랐다. 심의를 마치고 사무소로 향하는 길, 출입문이 가까워질수록 숨이 막히고 가슴이 미친 듯 뛰었다. 기름을 뒤집어쓴 채 불구덩이로 뛰어드는 심정이었다. 결국 출입문 앞에서 발길을 돌렸다.

'분명 피해자인데, 왜 내가 이렇게 고통스러워해야 하지?' 억울함과 분노가 치밀었지만, 그 자리를 벗어나고 싶은 마음이 더 컸다. 지안 씨는 본사에 연락해 다른 지역으로 발령을 부탁했다. 가해자들에게 가벼운 징계만 내려졌을 때 이미 예감했을지도 모른다. 스스로 복귀할 수 있다고 다짐하며 최면을 걸었지만, 실제로는 그럴 수 없다는 걸 어쩌면 알고 있었을지도 모른다.

가해자들은 뻔뻔하게 일상을 이어가고, 피해자는 죄인처럼 떠나야 하는 현실이 분했다. 그러나 다시 상처받고 싶지 않았다. 지안 씨는 앞으로의 삶을 위해 결단이 필요하다고 느꼈다. 불가능한 복귀의 꿈을 붙잡기보다 새로운 인생을 설계하기로 했다. 그는 한국을 떠나기로 결심했다. 요양 종결을 기다리며 해외 이민을 준비했고, 결국 회사를 그만두었다. 지금은 이민을 실행에 옮기기 위해 하나씩 절차를 밟고 있다.

직장 내 성희롱과 괴롭힘 사건에서 가해자와 피해자의 처지가 뒤바뀌는 일은 여전히 많다. 이 사건은 성희롱·괴롭힘 사건이 축소되거나 은폐되지 않도록, 그리고 2차·3차 가해로 이어지지 않도록 노동관계법이 보장하는 권리를 바탕으로 한 공식적 초기 대응의 중요성을 다시 한번 일깨워준 사례다.

공범이 되지 않으려면

직장 내 성희롱 사건에서 남성과 여성 모두 가해자이자 피해자가 될 수 있으며, 동성 간에도 직장 내 성희롱이 성립할 수 있다. 성희롱을 한 경우 성별과 관계없이 법적 제재의 대상이 된다. 아래 사건은 여성 팀장이 남성 매니저에게 성희롱을 가해, 그 결과 남성 매니저에게 정신질환이 발병한 사례다.

매니저는 평소 습관적으로 신체 접촉을 하는 팀장에게 여러 차례 "신체 접촉을 하지 말아 달라"고 요청했다. 피해자는 40대 후반의 남성이었고, 가해자는 30대 중반의 여성이었다. 피해자가 받은 가장 큰 상처는 '남성 피해자'의 문제 제기를 아무도 진지하게 받아들이지 않았다는 점이었다. 어느 날 팀장이 불쑥 다가와 강아지를 쓰다듬듯 그의 아래턱을 손으로 만졌고, 놀란 매니저는 손을 밀치며 불쾌함을 드러냈다. 모욕감이 더 컸다. 팀장은 대화 중에도 매니저의 손등이나 허벅지를 툭툭 치는 식으로 잦은 신체 접촉을 했다. 매니저가 불쾌감을 표하며 재차 거부했지만, 팀장은 "귀여워서 그런다"라며 가볍게 넘겼다. 심지어 다른 팀원들이 있는 자리에서도 이러한 행동을 이어갔다. 매니저가 공개적으로 "이건 분명한 성희롱입니다"

라고 항의했지만, 주변의 반응은 냉담했다. 동료들은 팀장의 행위를 성희롱으로 인식하지 않았다. 매니저는 외면당하고 무시당하는 느낌에 깊은 좌절감을 느꼈다.

항의가 거세지자 팀장은 신체 접촉은 중단했지만, 대신 보복적 조치를 했다. 남성 매니저를 특정 업무에서 배제하거나 다른 직원들 앞에서 "일을 못 한다"라며 공개적으로 망신을 주었다. 공개적인 질책과 조롱은 반복되었고, 매니저가 문제를 제기할수록 압박은 심해졌다. 그 결과 호흡 곤란, 흉부 압박, 손발 떨림, 극심한 불안 발작 등의 증세가 나타났다. 공포감이 커지면서 감정 통제가 어려워지는 상황까지 이어졌다. 이런 상태에서 일하던 매니저는 결국 몇 차례 업무상 실수를 했다. 그 무렵부터 주변의 시선은 바뀌었다. 어느새 팀장의 성희롱과 괴롭힘은 사라지고, 매니저의 '능력 부족'만이 주목받았다. 정신적 이상 상태가 악화한 매니저는 적응장애 진단을 받았고, 근로복지공단은 그의 질병을 업무상 재해로 인정했다.

이 사건은 직장 내 성희롱과 괴롭힘이 단순한 행위로 끝나지 않고, 보복적 조치로 이어지는 경우가 많다는 점을 보여준다. 피해자는 이에 따라 더욱 심각한 신체적·정신적 고통에 노출된다. 따라서 사용자는 사건 발생 시 철저한 조사와 가해자에 대한 엄정한 조치, 그리고 피해자 보호를 위한 적극적 대응을 해야 한다. 이를 내버려둔다면 사용자는 가해 행위의 공범이 되는 것이다.

2.　대형마트
　　　계산대 뒤의 공포

　　대형마트 계산대 앞 풍경은 대다수에게 익숙하다. 고객은 장보기를 마치고 줄이 늘어선 계산대 중 한 곳을 골라 선다. 쇼핑카트의 물품을 계산대에 올리면 계산원은 바코드를 찍는다. 이 과정이 모두 끝나면 계산원은 고객에게 "결제는 어떻게 해 드릴까요?", "적립카드 있나요?"라고 묻는다. 카드나 현금을 주고받고, 고객은 물품을 다시 카트에 담아 계산대를 떠난다. 계산원은 다음 고객을 맞는다. 대형마트 계산대에서 반복적으로 이루어지는 일이다. 때로 고객의 착각이나 계산원의 실수로 실랑이가 오가기도 한다. 하지만 바삐 흘러가는 계산대는 쉼 없이 흐르는 물처럼 꼬리에 꼬리를 물고 고객을 맞이한다. 그날도 문숙 씨는 평소처럼 계산대에서 일했다. 이날이 마지막 출근이 될 것이라 누구도 예측하지 못했다.

그날의 사건은 늘 있는 일이었다. 문숙 씨도 동료들도 "오늘도 진상을 만났구나"라며 대수롭지 않게 생각했다. 그러나 문숙 씨에게 일어난 상황은 고객의 폭언과 위협적인 행동으로 신체적·정신적 고통이 유발된 돌발적인 사고였다. 법과 매뉴얼에 따라 업무를 일시 중단하고 사업주에게 필요한 조치를 요구해야 하는 상황이라는 사실을 아무도 떠올리지 못했다. 그 회사에는 '직원 보호를 위한 고객 응대 매뉴얼'이 버젓이 있었지만, 매뉴얼에 따른 대응은 1단계조차 진행되지 못했다. 문숙 씨는 그날 퇴근 후 자택에서 뇌출혈로 쓰러졌고, 며칠 뒤 사망했다.

오늘 만난 진상 고객

대형마트 계산원은 대표적인 고객 응대 노동자다. 이들은 업무 수행 중 대부분 감정노동을 경험한다. '감정노동'이란 "말투나 표정, 몸짓 등 드러나는 감정 표현을 직무의 일부로 연기하기 위해 자신의 감정을 억누르고 통제해야 하는 노동"을 말한다. 노동자는 자신이 느끼는 감정을 감추고 고객의 감정에 맞춰 일하도록 강요받는다. '내가 웃는 게 웃는 게 아닌' 상황에 반복적으로 노출되는 것이다. 끝없이 고객에게 친절을 베풀어야 한다는 강박에 시달린다.

그날 문숙 씨의 근무는 오전 9시부터 오후 7시까지였다.

평소처럼 출근했고, 평소처럼 별일 없이 일했다. 오후 4시부터 30분 동안 휴식 시간이 주어졌고, 그는 휴게실에서 동료와 대화를 나눴다. 문숙 씨는 소파에 털썩 앉으며 "요즘 손발이 자주 저려"라고 푸념했다. "우리 나이가 다 그렇지 뭐"라는 동료의 말에 문숙 씨는 옅은 미소를 지었다.

50대 중반의 문숙 씨는 평소 업무를 수행하는 데 지장이 없을 만큼 건강을 유지하고 있었다. 저녁에 무엇을 먹을지 이야기를 나누는 사이, 휴식 시간은 금세 끝났다. 쉬는 시간은 왜 이리 짧게 느껴지는지 모르겠다. 오후 4시 30분, 문숙 씨는 가벼운 발걸음으로 계산대로 향했다. 앞으로 2시간 30분만 일하면 퇴근이었다. 일과를 마칠 시간이 다가오니 홀가분한 기분이 들었다.

평일이라 계산대는 3곳만 운영 중이었다. 계산원 3명과 매니저 1명, 모두 4명의 마트 노동자가 분주히 고객을 응대하고 있었다. 오후 5시 30분 무렵, 한 남성 고객이 문숙 씨 계산대 앞으로 다가왔다. 구매 물품은 면도기 1개뿐이었다. 문숙 씨는 재빠르게 바코드를 찍고 고객을 바라봤다. 뒤에는 여성 고객이 한 명 대기 중이었다. 조금 서두른 듯했지만, 특별할 것 없는 평범한 순간이었다.

문숙 씨는 잠시 후 지옥 같은 3분을 견뎌야 했다. 머리가 띵하고 불쾌감이 밀려왔지만, 꾹 참을 수밖에 없었다. 누구에게 하소연할 방법도 몰랐다. '그 일'을 당하고도 쉬지 않고, 늘

하던 것처럼 오후 7시까지 묵묵히 일했다. 옷을 갈아입고 퇴근하는 발걸음은 천근만근 무거웠다. 계산원이라는 이유로 참아야만 했던 지난 3분이 야속하고, 곁에서 멍하니 서 있던 동료들이 야속했다. 그 남자를 붙잡고 "그때 왜 그런 말을 했는지" 묻고 싶었다.

집으로 향하는 버스에 올랐지만, 창밖 풍경은 눈에 들어오지 않았다. 머릿속에서는 그 고객의 음성이 계속해서 쩌렁쩌렁 울려 퍼졌다. 그날 오후 5시 30분, 계산대에서 겪은 공포와 수치심을 떨칠 수 없었다. 오후 7시 50분경 집에 도착하자 9월 초의 더운 기운이 확 느껴졌다. 반갑게 맞이하는 남편에게 "여보, 오늘 진상 고객을 만나 정말 너무 힘들었어"라고 넋두리했다. 문숙 씨가 "덥다, 에어컨 좀 틀어줘"라는 말을 남기고 화장실로 들어간 지 얼마 지나지 않아 "쿵" 소리가 났다. 남편이 황급히 달려가 보니 문숙 씨는 화장실 바닥에 쓰러져 있었다. 119로 신고해 구급차로 종합병원에 이송했으나, 의료진은 "뇌부종이 심해 지금 당장 할 수 있는 것이 없다"라고 말했다. 문숙 씨는 뇌출혈로 인한 뇌부종이 심해졌고, 결국 '두개내압 상승에 의한 심정지'로 세상을 떠났다. 문숙 씨에게 들을 수 있었던 마지막 말이 "에어컨 틀어줘"가 될지 꿈에도 몰랐다.

남편의 심정은 황망했다. 문숙 씨가 쓰러진 뒤 회사에 연락해 "뇌출혈로 쓰러져 출근할 수 없다"라고 알리자, 회사 측 담당자는 "업무 중 특별한 일은 없었다"라고 답했다. 그러나 남편은 분명히 "진상 고객 때문에 힘들었다"라는 문숙 씨의 말을 기억하고 있었다. 일단 치료가 급해 깊이 따질 겨를은 없었다. 하지만 치료다운 치료도 해보지 못한 채 문숙 씨는 떠났다.

업무상 재해라는 생각은 전혀 하지 못했다. 남편의 의문이 풀리기 시작한 것은 장례식장에서였다. 문상을 온 동료 중 한 노동조합 조합원이 조심스럽게 말을 꺼냈다. "그날 문숙 씨에게 아주 특별한 일이 있었어요." 평소처럼 '진상 고객'을 만난 수준이 아니었다는 것이다. 그날 오후 5시 30분, 계산대 앞에는 문숙 씨 외에 매니저 1명과 계산원 2명이 더 있었다. 그들은 사건의 구체적인 상황을 알고 있었지만, 아무 말도 하지 않았다. 침묵이 이어졌다.

돌발적 사건

비록 조합원 수는 적었지만, 노동조합이 있었기에 사건 해결의 실마리를 찾을 수 있었다. 조합원들은 그날 오후 5시 30분의 진실을 밝히기 위해 다방면으로 노력했다. 장례를 마친 남편은 노동조합과 함께 회사를 찾아가 CCTV 공개를 요구했다. 회사는 처음엔 내켜 하지 않았지만, 유족과 노동조합의 요구를 끝내 거절할 수는 없었다. 결국 그날의 CCTV 영상을 3분가량 확인할 수 있었다. 비록 영상에는 음성이 녹음되지 않아 대화 내용을 알 수는 없었지만, 사건의 실체에 한 걸음 다가가는 순간이었다. 당시 현장을 목격한 세 명의 노동자는 극도로 긴장하고 있었다. 회사로부터 불이익을 받을까 두려워 쉽게 입을 열지 못했다. 남편과 노동조합은 이들을 설득했다. 남편은 "동료가 죽었잖아요?"라는 말을 수없이 반복했다고 했다.

고인의 남편이 우리 사무실을 찾아온 것은 장례를 치른 직후였다. 문숙 씨의 경우 만성적 과로는 아니었지만, 고객의 폭언과 위협 같은 돌발적 사건이 발병의 원인이 될 가능성이 충분했다. 산업재해보상보험법은 급성 과로, 즉 돌발적 사건이나 급격한 업무환경 변화로 인한 재해를 "돌발적이고 예측 곤란한 정도의 긴장·흥분·공포·놀람 등, 급격한 업무환경의 변화로 뚜렷한 생리적 변화가 생긴 경우"로 규정하고 있다. 즉 중상이 발생하기 전 24시간 이내에 업무와 관련된 돌발적 사건이나 급격한 환경 변화로 뇌혈관 또는 심혈관 질환이 자연 경과를 넘어 급격히 악화한 경우를 말한다.

문숙 씨는 뇌출혈로 쓰러지기 약 3시간 30분 전, 일터에서 그런 돌발적 사건을 겪었다. 남성 고객의 폭언과 위협 행동이 뇌출혈 발병과 관련이 있다고 볼 수 있었다. 따라서 가장 시급한 일은 CCTV 확보와 목격자 진술을 받는 것이었다. 다만 대리인을 내세우면 회사나 목격자들이 경계심을 갖게 되므로, 자료가 확보될 때까지는 유족과 노동조합이 직접 나서는 편이 효과적이었다. 때로는 유족의 호소가 진실을 밝히는 데 효과적인 방법이 되기도 한다.

산업재해보상보험법에는 사업주의 조력 의무가 명시되어 있지만, 이를 이행하지 않아도 처벌 규정은 없다. 사업주가 협조하지 않으면 재해자가 업무 관련성을 입증하는 데 한계가 있을 수밖에 없다. 더욱이 재해자에게 협조한 동료에게 '불이익을 주지 않는다'라는 구체적 조항도 없다. 침묵하고 눈치를 살피던 목격자들의 태도는 이해할 만하면서도, 한편으로는 "동료가 죽었는데 어찌 저럴까" 하는 서운함을 남겼다. 다행히 회사와의 충분한 협의를 거쳐 목격자들에게 불이익이 없다는 확신을 준 뒤에야 '사실확인서'를 받을 수 있었다. 그날의 진실을 확인한 남편은 끝내 참았던 눈물을 쏟았다.

급성 과로

문숙 씨가 뇌출혈로 쓰러지기 약 3시간 30분 전의 일이다. 그날 오후 5시 25분부터 5시 28분 사이, 한 남성 고객이 계산대 앞에 섰다. 면도기 하나를 계산대에 올려놓았다. 30대 후반에서 40대 초반으로 보이는 남성 Q는 하얀 민소매 티셔츠에 검은 바지를 입고 있었다. 문숙 씨는 면도기를 들어 바코드를 찍고 계산대 위에 올려놓은 뒤 평소처럼 물었다. "고객님, 적립카드 있으세요?" 그는 지갑을 만지작거리며 아무 대답도 하지 않았다. 잠시 후 문숙 씨가 다시 물었다. "적립카드 있으세요?" Q는 다짜고짜 반말로 대답했다. "찾고 있는데 왜 말이 많아.”

목소리는 고압적이었고, 말투에는 노골적인 멸시가 배어 있었다. 문숙 씨는 잠시 당황했지만 차분히 대답했다. “고객님이 말씀을 안 하시는데, 있는지 없는지 어떻게 알겠어요.” 그러자 Q는 갑자기 흥분하며 문숙 씨를 뚫어지게 노려봤다. “여기는 접대가 왜 이래!” 그는 일부러 ‘접대’라는 단어를 골라 말했다. ‘고객이 왕’이라는 오만한 태도였다. 그리곤 오른팔을 앞으로 뻗어 삿대질하며 고함을 질렀다. 동시에 얼굴을 계산대 안으로 들이밀며 위협적인 동작을 반복했다. 문숙 씨는 참다못해 “접대라니요? 여기가 술집입니까?”라고 맞받았다. 그러자 그는 더 큰 소리로 외쳤다. “술집만 접대하냐!”

그의 고성, 폭언, 위협적인 몸짓은 공포심을 유발하기에 충분했다. 매니저는 바로 옆에 있었지만, 상황의 심각성을 늦게 알아차렸다. 그는 급히 Q와 문숙 씨 사이로 들어가 양팔을 벌려 둘을 떼어놓았다. 이어 Q를 계산대 밖으로 유도했다. 걸어 나가던 그는 여전히 격앙된 상태였다. 뒤돌아서며 다시 소리쳤다. “여기서 일하는 주제에 왜 이렇게 말이 많아!” 그의 눈빛에는 조롱과 멸시가 섞여 있었다. 매니저가 단호하게 말했다. “그만하시고 나가세요.” Q는 여전히 불만스러운 표정으로 계산대를 떠났다. 뒤에서 계산을 기다리던 다른 고객은 놀란 얼굴로 뒤로 물러섰다.

매니저의 ‘사실확인서’를 근거로 CCTV 영상을 확인해보니,

문숙 씨는 당시 상당히 위협적인 상황에 놓여 있었다. 회사 매뉴얼에 따르면 즉시 보안요원이 출동해야 했을 정도였다. 더 구체적인 사실관계를 파악하기 위해 CCTV 영상을 1초 단위로 세밀하게 분석했다. 영상편집 방법을 직접 배워 3분가량의 영상을 전부 쪼개 살펴본 결과, Q가 문숙 씨를 향해 삿대질하고 머리를 들이밀며 위협하는 행동이 더 크고 빈번하게 나타났음을 확인할 수 있었다.

대형마트 노동자들의 현실을 그린 영화 〈카트〉(2014)에는 노동조합을 결성한 마트 노동자들이 회사에 단체교섭을 요구하는 장면이 나온다. 그때 회사 교섭 담당자가 "용돈이나 벌러 와서 이게 뭐 하자는 겁니까"라고 말한다. 문숙 씨는 결코 '용돈벌이'를 하러 나온 사람이 아니었고, 소일거리를 하는 것도 아니었다. 그는 분명 노동관계법의 보호를 받는 정당한 노동자였다. 그러나 그 지옥 같은 3분 동안, 문숙 씨는 누구의 보호도 받지 못했다. 고객의 폭언과 위협 이후에도 그는 곧바로 업무를 중단하지 못했고, 평소처럼 오후 7시까지 일했다. 그리고 퇴근 후, 생애 마지막으로 "에어컨 틀어줘"라는 말을 남기고 급성 과로로 쓰러져 세상을 떠났다.

2018년 10월 시행된 산업안전보건법 제41조 '고객의 폭언 등으로 인한 건강장해 예방조치 등'은 "① 사업주는 주로 고객을 직접 대면하거나 「정보통신망 이용촉진 및 정보보호 등에 관한 법률」 제2조 제1항 제1호에 따른 정보통신망을 통하여 상대하면서 상품을 판매하거나 서비스를 제공하는 업무에 종사하는 고객 응대 근로자에 대하여 고객의 폭언, 폭행, 그 밖에 적정범위를 벗어난 신체적·정신적 고통을 유발하는 행위로 인한 건강장해를 예방하기 위하여 고용노동부령으로 정하는 바에 따라 필요한 조치를 하여야 한다"라고 명시하고 있다. 법률에서 명시하듯, 고객 등 제3자의 폭언이나 폭행이 발생했을 때에는 업무의 일시적 중단이나 전환 조치를 신속히 시행하는 것이 무엇보다 중요하다.

또한 산업안전보건법 시행령 제41조 '제3자의 폭언 등으로 인한 건강장해 발생 등에 대한 조치'는 사업주의 조치로 "업무의 일시적 중단 또는 전환, 휴게시간의 연장, 건강장해 관련 치료 및 상담 지원, 관할 수사기관 또는 법원에 증거물·증거서류를 제출하는 등 고소, 고발 또는 손해배상 청구 등을 하는 데 필요한 지원"을 하도록 규정하고 있다. 더 나아가 산업안전보건법 시행규칙 제41조에 노동자의 건강장해 예방을 위하여 "폭언 등을 하지 않도록 요청하는 문구 게시 또는 음성 안내, 고객과의 문제 상황 발생 시 대처방법 등을 포함하는 고객 응대 업무 매뉴얼 마련, 고객 응대 업무 매뉴얼의 내용 및 건강장해 예방 관련 교육 시행, 그 밖에 건강장해 예방을 위하여 필요한 조치"를 취하도록 비교적 상세하게 명시하고 있다.

문숙 씨의 일터는 대형마트였다. 감정노동자 보호를 목적으로 한 매뉴얼이 마련되어 있었고, 그것은 보기 좋게 편집되어 컬러 인쇄물로 비치되어 있었다. 사건 당시 계산대 근처에 있던 계산원과 매니저 역시 해당 매뉴얼에 대한 교육을 받았다고 했다. 그러나 정작 문숙 씨가 겪은 돌발적인 상황에서 그 매뉴얼이 실제로 적용되어야 한다는 인식은 아무도 하지 못했다.

문숙 씨가 사망하기 전 이미 매뉴얼은 존재했다. 매뉴얼의 첫 문장은 "고객의 매장 내 폭언, 욕설 무조건 참지 마세요"였다. 이어서 2차 피해(폭력 등)를 막기 위해 관리자에게 즉시 알리고 현장을 벗어나 증거를 확보하라고 안내하고 있었다. 단계별 대응 방안도 세밀하게 구성되어 있었다. 1단계에서는 노동자가 공포심이나 불안감을 느끼는지 판단하고, 2단계에서는 폭언이나 욕설이 지속될 경우 정중히 세 차례 자제를 요청하며, 3단계에서는 즉시 관리자에게 보고하고 보안요원과 공유해 현장을 이동한다. 이후 4단계에서는 피해 노동자의 상태를 확인한 뒤 휴식이나 근무 조정을 실시하고, 관리자가 직접 고객을 응대하도록 되어 있었다. 마지막으로 5단계에서는 컴플레인 내용과 처리 결과를 시스템에 등록하도록 했다.

그러나 그날, 그 매뉴얼은 아무런 힘을 발휘하지 못했다. 현장과 동떨어진 매뉴얼은 존재 의미를 잃었다. 매뉴얼에는 분명 이런 상황이 발생하면 최소 30분 이상 휴식을 보장해야 한다고 명시되어 있었다. 만약 문숙 씨가 고객의 폭언을 들은 직후 계산대를 떠나, 규정대로 30분간 휴식을 취했다면 결과는 달랐을지도 모른다.

갑질로부터 보호해야 할 모두

문숙 씨의 사망은 업무상 재해로 인정되었다. 업무상질병 판정서는 다음과 같이 이유를 밝혔다. "고인의 뇌출혈 발병 전 3시간 이내에 업무 수행 중 발생한 고객의 폭언 상황이 확인되고, 옆에서 지켜본 동료 근로자의 진술을 토대로 판단할 때, 감정적 표현과 위협적인 언행으로 추정되는 바, 이는 업무와 관련한 돌발적이고 예측 곤란한 정도의 긴장·흥분·공포·놀람 등과 급격한 업무환경의 변화로 뚜렷한 생리적 변화가 생긴 경우로 보인다. 이로 인해 심리적 충격을 받고도 충분한 휴식, 근무 조정 등 사업주의 즉각적인 조치가 이루어지지 않아 신체 부담이 가중되었을 것으로 보인다. 비록, 고인이 건강검진에서 '고혈압, 당뇨 의심' 소견을 받는 등 기저질환이 확인되고, 고혈압이 뇌출혈 발병 또는 악화에 일부 기여했다고 해도, 평소 정상 근무가 가능했던 고인이 위 사건으로 인해 갑자기 혈압이 상승하며 뇌출혈이 발병했다고 판단되므로, 고인의 상병과 업무 사이에 상당한 인과관계가 인정된다는 것이 참석 위원들의 다수 의견이다."

문숙 씨는 단순히 고객 갑질을 당한 것이 아니다. 업무 중 고객의 폭언과 위협적인 행동으로 인해 '긴장·흥분·공포·놀람'을 경험했고, 이로 인해 신체적·정신적 부담이 급격히 악화해 결국 뇌출혈이 발병하고 사망에 이른 사건이다.

'갑질'의 영문 표기는 'Gapjil'이다. 뉴욕타임스는 2018년 4월 13일 자 기사에서 대한항공 전무의 갑질 사건을 다루며 '갑질'이라는 표현을 한국어 그대로 소개했다. 기사에서는 갑질을 재벌chaebol이라는 한국 특유의 가족 기업이 대물림하면서 법 위에 군림하며, 부하 직원이나 하도급 업자를 부당하게 대하는 행동으로 설명했다. 이후 '갑질'은 재벌뿐 아니라 다양한 사회적 상황에서 폭넓게 사용되고 있다. 한국에서 발생하는 재벌 갑질, 고객 갑질, 직장 갑질 사례는 수없이 많다. 그럼에도 여전히 노동자는 단지 서비스업에 종사한다는 이유만으로 인간의 존엄성을 침해당할 위험에 노출되어 있다. 실제로 일부 서비스업 종사 노동조합은 기자회견을 통해 "갑질하는 고객이 나타났을 때 보호받을 권리를 보장받고 싶다"라는 요구를 밝히기도 했다.

　산업안전보건법에서 고객 응대 노동자 보호를 명시하고 있는데도 현실과 괴리가 존재한다는 점이 더욱 안타깝다. 이 사건을 경험한 후, 지금도 대형마트를 가면 CCTV 속 장면이 떠오른다. 언제, 어느 곳에서든 유사한 일이 반복될 것만 같아 마음이 무겁다.

3. 악성 민원과
   극한 스트레스

    고객 응대 노동자는 상대방을 직접 대면하거나 전화로 업무를 수행한다. 공무원의 주요 업무 또한 민원 처리에 있다. 행정기관이 다루는 민원은 법정 민원, 질의 민원, 건의 민원, 기타 민원, 고충 민원으로 구분된다. 국가공무원법 제59조는 "공무원은 국민 전체의 봉사자로서 친절하고 공정하게 직무를 수행해야 한다"라고 규정하고 있다. 공무원이 '봉사자'라고 강조하는 것은 헌신과 희생을 당연시하는 인식에서 비롯된다. 그러나 공무원이라고 해서 모든 것을 내어줄 수는 없다.

    민원인들은 공무원의 약한 고리가 '민원 건수'에 있다는 점을 잘 안다. 그래서 "그렇게 하면" 또는 "이렇게 안 해주면"이라고 협박하며 반복적으로 민원을 제기한다. 2024년 김포시청 공무원의 순직(자살)은 50여 차례에 걸친 항의성 민원이 원인이었다. 인터넷 카페에 해당 공무원의 실명, 소속 부서, 직통 전화번호가 공개되었고, 이후 빗발친 항의 전화와 악성 댓글이 이어졌다. 사실상 전화 테러와 온라인 '좌표 찍기'였다. 인신공격성 글이 쏟아지는 상황에서, 악성 민원에 시달리던 9급 공무원은 끝내 스스로 생을 마감했다.

2021년 행정안전부는 이러한 사태에 대비해 '공직자 민원 응대 매뉴얼'을 마련하고 여러 보호조치를 도입했다. 그러나 현실에서는 여전히 민원이 발생하면 담당 공무원에게 책임을 전가하는 문화가 남아 있다. 이러한 구조적 문제는 공무원들의 직무 스트레스를 극단적으로 높이는 요인이 되고 있다.

한국행정연구원이 실시한 '2024년 공직생활 실태조사'에 따르면, 중앙·광역 공무원보다 기초단체 공무원일수록, 그리고 직급이 낮을수록 직무 스트레스가 더 강한 것으로 나타났다. 마치 행정조직 내부의 먹이사슬 구조를 보는 듯한 결과였다. 상급자의 모순된 지시, 상·하급자 간 요구 불일치, 과중한 업무 책임 등을 측정한 '직무스트레스 인식' 평가에서 중앙·광역 공무원은 5점 만점에 2.87점, 기초 공무원은 3.00점을 기록했다. 특히 "업무시간 중 발생하는 악성 민원 대응으로 본 업무 수행에 지장을 받는다"라는 항목에서는 기초 공무원 3.48점으로 나타나, 기초단체 공무원이 겪는 민원 관련 스트레스가 조직 내부 스트레스보다 훨씬 높은 수준임을 보여주었다.

악성 민원의 형태도 점점 진화하고 있다. 과거의 폭언과 폭행이 '고전적 방식'이었다면, 최근에는 반복 전화뿐 아니라 앱, 메신저, 홈페이지 등 다양한 플랫폼을 이용해 특정 공무원을 '좌표 찍는' 방식으로 확산하고 있다. 이에 따라 많은 공무원이 악성 민원에 시달리며 정신적 소진 상태에 이르고, 업무가 사실상 마비되는 경우도 발생한다. 그러나 인력은 한정돼 있고, 윗선에서는 여전히 '주민과의 소통 강화'를 요구한다. 낮은 임금, 부족한 보람, 높은 스트레스는 결국 공시생(공무원 시험 준비생) 감소로 이어진다. 이러한 구조적 악순환은 현장의 피로감을 더욱 깊게 만들고 있다.

유관 단체 대표의 횡포

광일 씨는 기초단체 행정 분야 팀장을 맡고 있었다. 사망 두 달 전, 단체장이 새로 부임했다. 단체장은 부임 후 6주간 직무교육을 받아야 했다. 광일 씨는 업무 능력이 뛰어났지만, 갑작스럽게 단체장 직무대행까지 맡게 되었다. 더구나 단체장이 평소 유관 단체 관리와 수시 민원 업무까지 담당했었기에, 광일 씨는 한시적으로 유관 단체 지원 업무까지 떠맡게 되었다. 결과적으로 광일 씨는 팀장 고유 업무, 단체장 대직, 유관 단체 지원이라는 세 가지 역할을 동시에 수행해야 했다. 그만큼 책임과 업무량이 급격히 늘었고, 자연히 근무시간이 길어지며 일상적인 스트레스도 증가했다.

단체장 대직 이전의 광일 씨는 점심시간에 동료들과 운동하거나 산책을 즐기는 등 비교적 평범한 일상을 보냈다. 그러나 사망 한 달 전부터는 주민과 함께하는 유관 단체 행사를 본격적으로 준비하면서 업무 스트레스 지수가 급격히 높아졌다. 문제는 유관 단체 R 대표였다. 그는 시장과 두터운 친분을 과시하는 인물로, 대표로 선출될 당시 시장이 단체장에게 직접 전화할 정도로 영향력이 컸다. 회의 때 시장이 직접 참석하는 일도 있었다. 그러니 공무원이 R 대표의 요구를 무시하기란 사실상 불가능했다. 광일 씨는 상황을 잘 알고 있었기에, 그의 비위를 맞추는 것이 최선이라고 판단했다. 행사 준비가 본격화하자 유관 단체 대표, 실무자 등이 참여하는 기획단 단체대화방이 개설되었고, 광일 씨와 주무관도 초대되었다. 회의와 대화가 잦아질수록 실무 부담은 늘었고, 신경 써야 할 일도 배로 증가했다.

　　나중에 확인된 바에 따르면, 광일 씨 업무 중 약 30%를 차지하던 유관 단체 지원 업무는 사망 두 달 전부터 점차 비중이 커져 가장 핵심적인 업무가 되어 있었다. 게다가 R 대표는 애초에 불가능한 요구를 일삼았고, 광일 씨가 "안 된다"라고 말하면 "그럼 시장 찾아간다"라며 으름장을 놓았다. 이는 사실상 '시장에게 민원을 제기하겠다'라는 압박이었다. 그의 요구는 매번 악성 민원에 가까웠다. 그러나 시장의 친분을 과시하며 기세등등한 R 대표 앞에서 광일 씨는 끝내 저항하지 못하고, "어떻게든 해보자"라는 태도로 일에 매달렸다. 이는 결국 업무상 스트레스를 극도로 높이는 요인이 되었다.

원래 주민 참여 행사는 하루짜리 행사였다. 이미 예산도 하루 일정에 맞춰 편성했고, 사업계획도 그에 따라 수립돼 있었다. 그런데 R 대표가 돌연 행사를 3일간 진행해야 한다고 주장했다. 그는 어디서 들었는지 '맨손 물고기 잡기', '대형 밥 짓기' 같은 무리한 프로그램을 끼워 넣자고 요구했다. 맨손 물고기 잡기는 동물 학대 논란이 끊이지 않는 행사였고, 대형 밥 짓기는 관련 시설과 도구를 새로 확보해야 했다. 사실상 불가능한 요구였다. 이 와중에 유관 단체에서 실무를 담당하던 간사마저 갑자기 그만뒀다. 공무원의 주된 역할은 행사 지원이지만, 이제 광일 씨는 유관 단체 실무자의 몫까지 떠안아야 했다. R 대표가 막무가내로 구는 통에 주변 사람들까지 덩달아 흥분한 분위기가 이어졌다.

광일 씨는 1년 전 이곳으로 발령받았을 때 이미 심한 스트레스에 시달리고 있었다. "일 때문에 생각이 많고, 해결이 안 되니까 스트레스가 심해진다. 자꾸 생각해도 어떻게 해야 할지 모르겠다." 당시 그는 이런 정신적 압박감으로 정신과 치료를 받기 시작했다. 상급자의 의견이 엇갈릴 때마다 중간에 끼어 어찌할 바를 몰라 힘들어했다. 휴직을 고민하기도 했고, 공직을 그만둘지 망설이기도 했다. 어렵게 쌓아온 공직 경력을 쉽게 포기할 수도 없었다. 다행히 1년 전 이곳으로 옮긴 뒤에는 상태가 호전돼 정신과 진료를 중단할 만큼 회복됐다.

하지만 사망 두 달 전부터 유관 단체 지원 업무를 떠맡으면서 다시 증상이 악화됐다. 광일 씨가 "행사를 3일간 진행하는 건 무리다"라고 말하자 R 대표는 "걱정하지 말라, 내가 알아서 하겠다", "시장에게 장소 변경을 부탁해 보겠다"라며 강압적으로 나왔다. 시청 예산은 개인 돈처럼 쓸 수 없고, 그의 말은 애초부터 실현 불가능했다. 그러나 이런 비현실적인 요구와 실랑이 자체가 광일 씨를 점점 지치게 했다.

다른 곳으로

광일 씨는 "해도 해도 너무한다"라는 말을 여러 번 속으로 삼켰다. 전체 행사에 체육대회가 포함된 것은 자연스러운 일이었다. 지역 주민이 참여하는 행사인 만큼, 아기자기하고 다수가 즐길 수 있는 경기를 배치했다. 다수의 참가자를 모집하고 대진표를 구성하는 일은 유관 단체 실무자의 역할이었다. 그러나 실무자는 이 일을 당연하다는 듯 광일 씨에게 떠넘겼다.

사망 일주일 전, 광일 씨는 다시 정신과를 찾았다. 그는 "최근 업무 스트레스가 더 심해져 힘들다"라고 호소했다. 그나마 광일 씨와 주무관의 설득으로 맨손 물고기 잡기와 대형 밥짓기 행사는 제외됐지만, R 대표의 태도가 달라진 것은 아니었다. 시장 역시 주민과의 소통 강화를 강조했다. 주민 자치활동과 민관협력 체계 구축을 위해 유관 단체 지원이 중요하다는 점을 거듭 언급했다. 그 결과 공식적인 회의뿐 아니라 사적인 회식이나 만남까지 잦아졌다. 광일 씨로서는 원치 않는 업무가 계속 늘어나는 셈이었다. 설상가상으로, 사망 3일 전 함께 유관 단체 지원 업무를 맡아왔던 주무관이 다른 부서로 전보됐다. 갑작스러운 인사 명령은 큰 충격이었다. 유관 단체 사람들과의 소통은 그 자체로 어려웠지만, 그래도 주무관이 있어 서로 의지할 수 있었다. 떠나는 주무관에게 광일 씨는 애써 웃으며 "큰 짐 하나 덜어서 좋겠다"라고 말했다. 그러나 속으로는 '이 일을 혼자서 다 감당할 수 있을까' 하는 막막함이 밀려왔다.

이 무렵 광일 씨는 주변 사람들에게 "휴직하고 싶다", "출근하기 싫다"라는 말을 자주 했다. 그만큼 심리적 압박과 부담이 극심했다. R 대표 등 유관 단체와의 갈등은 1년 전 상급자들 사이에서 의견 조율로 고심하던 때의 상황을 떠올리게 했다. 어렵게 회복했던 마음의 에너지가 다시 모두 소진된 듯했다.

광일 씨가 세상을 떠난 날은 행사를 열흘 앞둔 시점이었다. 체육행사 선수 모집, 단체 티셔츠 구매, 식사 주문, 단체보험 가입, 소모품 구매 등 준비해야 할 실무가 산더미처럼 쌓여 있었지만, 유관 단체 실무자들은 여전히 책임을 회피하며 남탓만 하고 있었다. 진행 점검표를 살펴보니 주요 준비 항목 20

개 중 완료된 것은 고작 4개뿐이었다. 그 심각한 상황을 제대로 인식하고 있는 사람은 광일 씨 한 사람뿐이었다. 오후에는 R 대표와 유관 단체 실무자들이 참석하는 점검 회의가 예정되어 있었다. 함께 업무를 맡았던 주무관이 전날 갑자기 전보되면서, 이날 회의에는 광일 씨 혼자 참석해야 했다.

그날 아침, 광일 씨는 유족에게 "출근하기 싫다"라는 말을 여러 번 반복했다. 동료 공무원들에게도 "R 대표 만나고 싶지 않다"라는 말을 자주 했다. 회의에 참석하기 위해 나선 그의 발걸음은 정해진 회의 장소가 아닌, 전혀 다른 방향을 향했다. 그날, 광일 씨는 회의에 나타나지 않았고, 얼마 뒤 숨진 채 발견되었다.

공무상 순직

공무원 노동조합과 유족은 광일 씨의 사망 원인이 끊이지 않는 악성 민원에 있다고 주장했다. 공무원이 악성 민원으로 극심한 스트레스에 시달리다 사망(자살)에 이른 사건이라는 점에서, 언론 또한 그의 안타까운 죽음을 비중 있게 다뤘다.

공무원 역시 노동조합을 설립할 수 있는 노동자다. 광일 씨가 근무하던 자치단체에는 '공무원의 노동조합 설립 및 운영 등에 관한 법률'(공무원노조법)에 따라 조직된 노동조합이 있었다. 노동조합과 유족은 사망의 경위를 명확히 밝히기 위해 자치단체에 진상조사단 구성을 요구했고, 자치단체는 외부 전문가를 포함한 진상조사단을 꾸려 30일 넘게 사망 원인을 조사했다. 진상조사단은 다음과 같이 결론지었다.

"고인의 업무 중 유관 단체 관리·동향의 비중은 업무분장표에 기재된 비중(30%)보다 양적·질적으로 높아졌다고 판단된다. 또한 고인은 ○○○ 직무대리까지 겸하고 있었으며, 단체 측이 행사 기간을 3일로 늘리고 실현이 어려운 프로그램을 반복적으로 요구하는 과정에서 고인 등 공무원들의 업무상 스트레스가 가중된 것으로 보인다. 고인은 R과 현 시장 간의 관계를 의식해 상당한 부담을 느꼈던 것으로 판단되며, 단체 집행부와의 협의·협조가 원활하지 않아 업무 부담이 더욱 커졌다. 여기에 민원까지 겹치면서 업무상 부담이 중첩되었고, 이 모든 점을 고려할 때 고인의 사망과 업무 사이에는 상당한 인과관계가 있다고 판단된다."

유족과 노동조합은 동료들의 진술과 진상조사단의 조사 결과를 근거로 광일 씨의 사망이 업무와 직접 관련된 것이라며 '공무상 순직유족급여'를 신청했다. 사건 접수 1년 2개월 만에 인사혁신처는 광일 씨의 사망을 공무상 순직으로 공식 인정했다.

공무원의 공무상 사고·질병 등 '공무상 재해'는 일반 근로자가 적용받는 산업재해보상보험법이 아니라 '공무원 재해보상법'의 적용을 받는다. 이 법은 공무상 재해의 인정기준으로,

△직장 내 괴롭힘(공무원이 직장에서의 지위나 관계 등의 우위를 이용해 업무상 적정 범위를 넘어 다른 공무원에게 신체적·정신적 고통을 주거나 근무환경을 악화시키는 행위), △민원인 등의 폭언·폭행 등으로 인한 업무상 정신적 스트레스가 원인이 되어 발생한 질병을 명시하고 있다.

다만, 공무원의 자해행위가 원인이 되어 부상·질병·장해를 입거나 사망한 경우는 원칙적으로 공무상 재해로 보지 않는다. 그러나 그 자해행위가 공무와 관련된 사유로 정상적인 인식능력 등이 뚜렷하게 저하된 상태에서 이루어진 경우, 시행령이 정한 사유에 해당하면 예외적으로 공무상 재해로 인정한다. 이 기준은 산업재해보상보험법상 자해행위에 대한 업무상 재해 인정기준과 동일한 취지다. 공무원 재해보상 관련 사무는 인사혁신처가 담당한다.

대법원은 자살과 공무의 인과관계에 대해 다음과 같은 판단기준을 제시했다. "공무원이 자살행위로 사망하였을 때 공무로 인하여 질병이 발생하거나 공무상 과로나 스트레스가 질병의 주된 발생 원인에 겹쳐서 질병이 유발 또는 악화하고, 그러한 질병으로 정상적인 인식능력이나 행위 선택 능력, 정신적 억제력이 결여되거나 현저히 저하되어 합리적인 판단을 기대할 수 없을 정도의 상황에서 자살에 이르게 된 것이라고 추단할 수 있는 때에는 공무와 사망 사이에 상당인과관계가 있다. 그리고 상당인과관계를 인정하기 위해서는 자살자의 질병이나 후유증상의 정도, 질병의 일반적 증상, 요양 기간, 회복 가능성 유무, 연령, 신체적·심리적 상황, 자살자를 에워싸고 있는 주위 상황, 자살에 이르게 된 경위 등을 종합적으로 고려하여야 한다. … 망인이 자살 직전 극심한 업무상 스트레스와 정신적 고통으로 인하여 우울증세가 악화되어 정상적인 인식능력이나 행위 선택 능력, 정신적 억제력이 현저히 저하되어 합리적인 판단을 기대할 수 없을 정도의 상황에 처하여 자살에 이르게 된 것으로 추단할 여지가 충분하므로, 망인의 업무와 사망 사이에 상당인과관계가 인정될 수 있을 것으로 보이며, 망인의 성격 등 개인적인 취약성이 자살을 결의하게 된 데에 일부 영향을 미쳤을 가능성이 있다고 하여 달리 볼 것은 아니다(대법원 2015. 6. 11. 선고 2011두32898 판결)." 이 판례는 공무원의 자살이 공무상 스트레스나 과로로 인한 정신적 질병의 결과일 경우, 그 사망은 공무상 재해로 인정될 수 있음을 명확히 한 것이다.

2025년 용혜인 국회의원실이 2019~2023년 5년간 노동재해 통계자료를 모아 발표한 노동재해 종합 통계에 따르면, 산재보험에 가입된 노동자의 2019~2023년 5년간 평균 자살 산재율은 인구 1만 명당 0.03명이었다. 반면 공무원 재해보험에 가입된 공무원은 인구 1만 명당 0.09명으로 세 배 높았다. 공무상 순직(자살)의 원인이 모두 악성 민원 때문이라고 단정할 수는 없지만, 5년간 평균만 보더라도 순직 공무원 72명 중 자살로 순직한 사람은 12명(16.7%)에 달했다. 결코 적지 않은 비중이다. 인사혁신처가 발표한 '2022년도 공무상 재해 승인 건수'에 따르면, 공무원 중 정신질환으로 인한 자살은 1만 명당 0.17명으로, 민간 산업재해보다 약 9배 높았다. 공무상 사망 건수도 2018년 78명에서 2022년 109명으로 43% 증가했다. 공무상 질병 중 정신질환 역시 꾸준히 증가하는 추세다. 2022년 274건, 2023년 288건, 2024년 386건으로 매년 증가하고 있으며, 2025년 상반기는 150건으로 집계됐다. 정신질환이 공무상 질병 요양에서 차지하는 비중은 2022년 38.0%에서 2024년 56.0%로 크게 늘었다.

행정안전부가 2022년 7월 개정 · 배포한 '공무원 민원 응대 매뉴얼'에서는 폭언(욕설 · 협박 · 성희롱 등), 폭행 및 신변 위협, 장시간 통화와 반복 전화를 '특이 민원'으로 분류했다. 악성 민원 건수는 2018년 34,484건, 2019년 38,054건, 2020년 46,079건, 2021년 51,883건으로 급증했고, 2022년 41,599건, 2023년 37,655건에 달했다. 악성 민원의 구체적 행위 유형은 폭언 · 욕설이 가장 많았고 협박, 성희롱, 폭행, 기물 파손 순이었다. 2024년 김포시청 공무원의 악성 민원 사망 사건 이후 정부는 관계 부처 합동으로 공무원 보호 대책을 마련했다. 주요 내용은 악성 민원 사전 예방 및 조기 차단, 악성 민원 대응과 피해 공무원 보호, 민원 처리 개선 및 서비스 품질 제고, 공무원 사기 진작 방안 등이다. 또한 2022년 1월 시행된 '민원 처리에 관한 법률(민원처리법)'을 2024년에 개정해 종결 처리 가능한 문서 민원을 확대하고, 비정상적 반복 민원에 대해서는 전자민원창구 이용을 일시적으로 제한할 수 있도록 했다. 공무원 보호 조치도 강화되었다. 안전장비 설치, 안전요원 배치, 민원 통화 전면 녹음, 악성 민원인 퇴거 조치, 기관 차원의 법적 대응과 전담 부서 지정, 담당자 심리 치유 프로그램 등이 마련됐다. 2025년 2월 행정안전부 발표에 따르면 99.18%의 기관이 전화 민원 전수 녹음(자동·수동)을 도입했고, 장시간 민원에 따른 업무 과부하를 줄이기 위해 민원 한 건당 권장 시간을 조사하거나 출입 제한 및 퇴거 안내문 부착, 법적 대응 지원 예산 확보 등의 조치가 이뤄지고 있다.

이러한 조치가 현장에서 실질적으로 작동해, 공무원들이 악성 민원 앞에서 위축되지 않는 환경이 조성되길 바란다. 노동자이든 공무원이든, 일하는 사람에 대한 상호 존중과 상호 배려의 사회적 인식이 무엇보다 중요하다.

4. 직장 내 괴물의
   신분 세탁

'직괴'라는 말을 들어봤는지 모르겠다. '직장 내 괴롭힘'을 줄여 부르는 표현이다. 피해자 처지에서 보면 가해자가 '직장 내 괴물'로 느껴질 수도 있으니, 마치 괴물 이름 같은 표현이 아주 틀린 말도 아닐 것이다. 그러나 법률에서는 분명히 '직장 내 괴롭힘'이라는 용어를 사용하고 있다. 직장 내 괴롭힘은 일터에서 절대 경험해서는 안 되는 일이다. 한 번 겪으면 그 이전과 이후의 삶이 명확히 달라지기 때문이다. 직장 내 괴롭힘이 발생했다면 사용자는 가해자에게 엄정한 조처를 해야 하고, 피해자 보호를 위한 모든 수단을 마련해야 한다. 그래도 피해자에게 남는 상처는 쉽게 치유되지 않는다.

실제 사례에선 사용자가 분리 조치 등 가능한 모든 조치를 취했더라도 직장 내 괴롭힘이 해고 사유에 해당하지 않는 경우가 많다. 피해자는 휴식과 치료를 통해 회복한 뒤 복귀하지만, 가해자와 복도나 출입문에서 마주칠 때마다 괴로움이 되살아난다. 사용자가 더 적극적으로 대응하려 해도 법적·현실적 한계에 부딪히는 경우가 많다. 물론 가해자가 진심으로 사과할 때 갈등이 해소되는 경우도 있으나, 대체로 피해자나 가해자 중 한쪽이 일터를 떠나야 비로소 상황이 종결되기도 한다. 그래서 무엇보다 중요한 것은 애초에 직장 내 괴롭힘이 발생하지 않도록 하는 것이다.

얼마 전부터 우리 사회에서 '멘탈이 약하다'라는 말을 흔히 쓴다. 마음이 여린 사람을 가리키는 표현이지만, 직장 내 괴롭힘 피해자에게 이 말이 향할 때는 문제가 달라진다. 피해자를 '멘탈이 약한 사람'으로 치부한다면, 괴롭힘의 본질은 가려진다. 피해자는 괴롭힘을 당하기 전까지 정상적으로 업무를 수행한 노동자였다. 직장 내 괴롭힘은 조직의 문제이므로 개인의 성격이나 취약성 문제로 돌리는 것은 부당하며, 오히려 조직의 책임을 흐리게 만든다. 그리고 피해자를 더욱 고립시키고 결국 극단적인 선택으로 내몰 위험이 커진다. 따라서 피해자의 관점에서, 피해자의 의사를 존중하며 적극적인 해결책을 마련해야 한다.

산업안전보건연구원의 〈근로자 정신건강 보호 방안 연구(2023)〉 보고서는 "유리멘탈인 사람도 일할 수 있는 일터가 되어야 한다. 근로의 권리는 자주적인 인간의 불가피한 생활수단으로서의 의의를 가지며 헌법이 추구하는 자본주의 경제 질서의 이념적 · 방법적 기초로서의 의의를 갖고 모든 국민에게 생활의 기본적인 수요를 자조적으로 충족시킬 기회를 열어주는 것이기 때문이다"라고 말한다. 결국 '누구나 일할 수 있는 일터', '누구도 상처받지 않는 일터'를 만드는 것이 조직과 사회의 책무다.

트집과 모욕의 이유

명수 씨는 3개월의 수습 기간을 마치고 S사 T 공장 공무팀에 배치됐다. 30대 중반의 그는 직장 경험이 있었고, 가정도 꾸린 사람이었다. 비록 공장에서는 신입이었지만, 완전한 초보는 아니었다. 수습 기간에 그는 동작이 빠르고, 부지런히 움직이며, 궁금한 점은 바로 물어보는 적극적인 스타일로 평가받았다. 공무팀에는 U 과장과 V 대리, 두 사람뿐이었다. '막내'가 온다는 소식에 그들은 반가워했다. 오랫동안 남성 둘만 근무해 온 공무팀은 폐쇄적이고 위계질서가 엄격한 부서였다. 그러나 명수 씨는 그해 5월부터 10월까지 단지 '막내'라는 이유로 직장 내 괴롭힘과 각종 부당한 처우에 시달렸다. 청소, 도구 관리, 정리정돈 등 허드렛일은 모두 그의 몫이었다. 작업이 끝난 뒤 뒷정리까지 혼자 도맡는 일상이 이어졌다. 시간이 지나도 이런 상황은 달라지지 않았다.

게다가 첫날부터 반말이 일상이었다. '이건 좀 아니다'라는 생각이 들 무렵, 그는 휴게실에서 채영 씨를 만났다. 채영 씨가 "공무팀 일은 어때요?"라고 물어 "아직 잘 몰라요"라고 에둘러 답했다. 채영 씨는 "힘든 일 있으면 노동조합 사무실로 와요"라고 말했다. 그는 이미 U 과장과 V 대리의 인성을 알고 있었고, 명수 씨가 어떤 고초를 겪는지도 짐작하고 있었다.

이후 명수 씨는 몇 차례 채영 씨를 따라 노동조합 사무실을 방문했고, 다른 조합원들과도 교류하게 됐다. S사에는 오래전부터 노동조합이 있었고, 특히 T 공장은 과거 노사 간 극한 대립으로 노조위원장이 해고되어 사회적 논란이 되었던 곳이었다. 최근 들어 노사관계는 어느 정도 안정을 되찾았지만, 과거의 대립은 여전히 조직 분위기에 남아 있었다. 공장 안에서는 여전히 '조합원'과 '비조합원'이 물과 기름처럼 철저히 구분되었고, 서로를 경계하며 적대하는 분위기가 쉽게 사그라지지 않았다.

어느 순간부터 V 대리는 사소한 일에도 트집을 잡기 시작했다. "그걸 왜 그렇게 못하냐, 근무 태만이다"라며 윽박지르고, 명수 씨가 대답이라도 하면 "나대지 마라, 까불지 마라"라고 면박을 줬다. "너는 갈수록 어리바리해지냐? 똑똑한 줄 알았는데 지금 보니까 아니다"라는 폭언도 반복됐다. 공조시설이 낯설어 기계 보수나 점검 방법을 물으면 "그냥 보고 배워라, 안 되면 유튜브 보고 해라"라며 가르쳐 주지 않았다. 무조건 복종을 강요하며 "묻지 말고 '네', '아니오' 대답만 해라", "토

달지 마"라고 몰아붙였다. 인격 모욕의 수위는 점점 높아졌다.

어느 날 문득 U 과장이 "나한테 찍히면 회사 생활 오래 못 한다"라고 습관처럼 했던 말이 떠올랐다. V 대리 역시 "타 부서 사람들과 어울리지 마라. 네가 걔네한테 물들어 변했다. 타 부서 애들이랑 어울리다 걸리면 가만두지 않겠다"라며 위협적인 말을 서슴지 않았다. 그제야 명수 씨는 그들이 말한 '타 부서 사람들'이나 '걔네'가 노동조합원을 가리킨다는 사실을 깨달았다. 이후 그들은 노골적으로 "노동조합에 가입하려면 나를 납득시켜라"라고까지 말했다. 조합원들과 어울리는 일에 극도로 예민하게 반응했다. 수습 시절 밝고 쾌활하던 명수 씨는 불과 몇 달 만에 말수가 줄고, 표정에서도 위축된 기색이 역력해졌다.

분풀이

그해 9월부터 V 대리의 괴롭힘은 한층 더 심해졌다. 명수 씨는 인사팀 지시에 따라 추석 연휴 마지막 날 출근했다. 공휴일 근무이므로 당연히 휴일수당이 지급되는 날이었다. 그런데 V 대리가 다가와 "네가 왜 출근했냐? 머리 쓰지 마라"라고 몰아붙였다. 명수 씨가 "출근하라는 지시를 받아 U 과장에게 직접 확인받고 출근했습니다"라고 답하자, V 대리는 "지금 반항하는 거냐?"라며 윽박질렀다. 휴일수당을 노리고 일부러 출근했다는 듯한 의심이었다. 더 이상 불필요한 언쟁을 피하고 싶었던 명수 씨는 "그러면 출근하지 않은 것으로 하고 퇴근하겠습니다"라며 자리를 떠났다. 며칠 뒤 V 대리는 "나보다 신입이 수당을 더 받는 건 용납 못 한다. 앞으로 주간 OT^Over Time 하지 마라"라는 부당한 지시를 내렸다.

이어 10월 중순 무렵, U 과장은 "내 입에서 XX 소리 나오면 넌 끝이야!"라고 고함을 질렀다. 이어 "야, 이 XX야. 똑바로 보고 안 해?"라는 등 욕설과 고성이 이어졌다. 당시 명수 씨는 생산팀의 요청을 받고 설비 보수 중이었다. 그런데 과장이 현장으로 찾아와 폭언을 퍼부은 것이다. 명수 씨는 생산팀 요청에 따라 일한 것이었고, 굳이 과장에게 먼저 보고할 사안이 아니라고 생각했다. 그러나 U 과장은 '먼저 보고하지 않았다'라며 트집을 잡았다. 이후 그는 파트장을 찾아가 "명수 씨가 대들었다"라고 보고했다. 파트장은 상황을 제대로 확인하지도 않고 명수 씨에게 시말서 제출을 명령했다.

과장의 보복은 점점 더 노골적으로 변했다. 그는 명수 씨에게 '공무 1일 근무일지'라는 서류를 던지며 시간 단위로 업무 내역과 이동 경로를 기록해 보고하라고 지시했다. S사 그 어느 부서에도 존재하지 않는 문서였다. 이어 "매일 개인 점검 및 돌발 상황을 시간대별로 작성해 메일로 보고하라"라는 문자까지 보냈다. 노골적인 감시와 통제였다.

그 순간 명수 씨의 머릿속에 노동조합이 떠올랐다. 그는 노동조합 가입을 결심하고 위원장을 찾아가 면담했다. 지난 6개월 동안 U 과장과 V 대리에게 당한 수모와 괴롭힘을 하나하나 털어놓았다. 위원장은 면담 내용을 기록했고, 조합원들로부터 두 사람의 괴롭힘을 직접 목격하거나 들은 진술을 모았다. 노동조합은 이 자료를 근거로 인사팀에 정식 조사와 징계, 재발 방지 대책 수립을 요구하는 공문을 보냈다. 그 무렵 명수 씨는 심신이 한계에 다다른 상태였다. 노동조합 위원장을 찾아와한 첫마디가 "죽고 싶은 심정입니다"일 정도로, 그의 신체적·정신적 이상은 심각했다.

S사는 과거 노동조합 탄압으로 사회적 불매운동까지 벌어졌던 악덕 기업으로 꼽혔다. 노동조합 위원장이 노조 활동을 이유로 해고됐다가 오랜 투쟁 끝에 복직한 사례를 보아도 알수 있듯이 탄압의 역사가 깊었다. U 과장이 공장에서 막강한 영향력을 행사할 수 있었던 이유는 다른 공장 관리자와 친인척 관계였기 때문이었다.

하지만 명수 씨 사건에서는 증거가 명확했고, 직장 내 괴롭힘이 입증되면서 U 과장의 입지는 좁아졌다. 회사 차원에서도 더 이상 방어가 어려운 상황이었다. 결국 조사 결과 U 과장은 감봉 1개월, V 대리는 감봉 3개월의 징계를 받았다. 행위에 비해 턱없이 낮은 수위다.

사건 조사 중, T 공장에는 수상한 노동조합이 등장했다. U 과장이 명수 씨에게 "'걔네'한테 물든다"라며 적대시했던 노동조합을, 정작 자신이 주축이 되어 설립한 것이다. 근무시간 중 회의실까지 제공받아 설립 총회를 열었고, 악덕 기업이라는 오명을 감수하며 노동조합을 탄압해 왔던 S사는 이에 대해 아무런 제재를 하지 않았다. U 과장은 단독으로 이런 결정을 내릴 수 있는 위치가 아니었으므로, 누군가 뒤에서 지원했을 가능성이 크다. 그러나 부당노동행위의 근거를 찾기란 쉽지 않았다. U 과장은 이 노동조합의 위원장으로 선출되었고, 노동조합 근처에도 가지 않던 사람들이 이 노조에 가입하기 시작했다. 위원장이 된 U 과장은 공장 곳곳에 자신의 징계가 부당함을 항변하는 대자보와 현수막을 걸며 대응했지만, 노동위원회는 최종적으로 정당한 징계로 판정했다.

갑자기 출몰한 노동조합은 설립 직후 빠르게 조합원을 확보하며 교섭 대표노동조합 지위를 차지했다. 기존의 올곧은 노동조합은 소수 노조로 전락해 교섭권마저 빼앗겼다. 수상한 노동조합 위원장은 한 인터뷰에서 "사측과 상호 신뢰와 존중을 약속하면 화합의 노사문화를 만들겠다"라고 말했지만, 직장 내 위계와 조직문화 개선에는 전혀 관심을 보이지 않았다. 직장 내 괴롭힘 가해자가 노동조합 위원장으로 신분을 세탁한 셈이다.

명수 씨는 사건 이후에도 불안, 초조, 긴장, 가슴 답답, 감정 기복, 두려움 등을 지속적으로 호소했다. 겁이 나고 속상하며 화도 나고, 잠도 제대로 들지 못해 일상생활이 힘들어졌다.

결국 명수 씨는 근로복지공단에 '적응장애' 요양 신청을 제출했다.

되살아난 두려움

심리평가와 특별 진찰 등으로 다소 시간이 걸렸지만, 명수 씨 사건은 최종적으로 업무상 재해로 인정됐다. 업무상질병판정서는 "신청인은 소속 사업장에 입사 후 수습 교육을 마치고 팀 최하위 직원으로 발령받아 근무하는 동안 상급 직원들의 무시, 질책, 모욕, 부당한 지시 등으로 인해 업무상 스트레스가 발생했다. 이후 노동조합 및 사업장에 직장 내 괴롭힘 신고와 조사가 진행되었고, 의료기관 내원 후 상병 진단을 받았으며 업무상 스트레스로 인해 발병한 질병임을 주장한다. 제출 자료와 심리학적 평가를 검토한 결과 신청 상병은 '적응장애'로 확인된다. '불안장애'와 '우울장애'는 심리 검사들과 주치의 진단서, 치료 기간과 약물 농도 및 종류를 고려할 때, 적응장애에 포함되는 증상이라는 의학적 소견이 제시됐다. 신청인의 4대 보험 취득 이력과 근무 기록상, 약 ○○개월 동안 해당 사업장에서 근무한 사실이 확인됐다. 상급 직원 2명에게 직장 내 괴롭힘을 당했다는 주장, 폭언 · 욕설 · 인격적 모욕 · 1시간 단위 업무보고 · 부당 지시 등의 내용은 제출 자료, 노동조합 문서, 사업장 징계위원회 자료를 통해 객관적으로 확인됐다. 심리검사와 약물치료 내역을 종합했을 때, 상병 '적응장애'와 업무 사이의 상당인과관계가 인정된다"라고 밝혔다.

사건을 시작하면서 노동조합과 명수 씨는 제대로 치료받고 건강하게 복귀하자고 서로에게 약속했다. 비록 수상한 노동조합의 탄생으로 복수노조가 되어 뒤죽박죽이 되었지만, 명수 씨는 치료에 전념했다. 6개월가량 요양을 마치고, 노동조합은 회사 측과 명수 씨 복귀에 대해 협의했다. 명수 씨를 다시 공무팀으로 보내는 것은 상상조차 할 수 없는 일이었다. 회사 측은 U 과장, V 대리를 다른 곳으로 발령 낼 생각도 없었다. 회사도 명수 씨를 생산팀으로 발령 내는 방안에 동의했고, 명수 씨는 건강한 모습으로 생산팀으로 복귀했다.

올곧은 노동조합과 조합원들은 명수 씨가 다시 적응할 수 있도록 물심양면으로 지원을 아끼지 않았다. 명수 씨도 잘 생활하는 듯했다. 그러나 U 과장을 비롯한 수상한 노동조합의 몇몇은 노골적으로 명수 씨를 뚫어져라 노려보며 적대했다. 공장 안에서 U 과장, V 대리와 마주친 명수 씨는 슬금슬금 뒤로 물러서게 되었다. V 대리가 부르자 자신도 모르게 달려가 굽실대며 완전히 주눅이 든 모습을 보이기도 했다. 비난의 눈총과 무언의 압박 속에서 그의 몸과 마음은 다시 메말랐다. 이대로 살다간 나쁜 일이 생길 것 같다는 두려움이 밀려왔고, 명수 씨는 결국 퇴사를 생각하게 되었다. 올곧은 노동조합 위원장이 무척 안타까워했지만, 명수 씨는 퇴직했다. 이 소식을 나에게 전하는 위원장의 목소리엔 힘이 없었다. 이 사건을 처음 상담할 때 위원장은 "사람 하나 살리고 봐야죠"라고 말했었다. 그때를 떠올리며 "위원장께서 사람 살린 겁니다"라고 위로했다. 노동조합이 있었기에 명수 씨가 살아남을 수 있었던 것은 분명하다.

토 달면 보내버린다

사업장이 여러 곳에 있을 때, 사용자가 노동자에게 원거리 발령을 압박하는 행위는 권한 남용의 대표적인 유형이다. 그만큼 효과가 크기 때문이다. 원격지 발령을 압박하며 사실상 퇴직을 종용하면, 많은 경우 노동자가 자연스럽게 사직서를 제출하게 된다. 특히 이러한 발령을 빌미로 충성 맹세를 강요하거나 특정 노조 탈퇴를 압박하는 일은 노무사들이 너무 자주 접하는 부당전보 사건이라 새삼 놀랍지도 않다. 그러나 개별 노동자에게는 인생이 송두리째 흔들리는 충격적 사건이다. 혼자 감당하기 어려워 결국 사용자가 의도한 대로 일이 흘러가는 경우가 많다.

민규 씨는 한 주식회사에 입사해 12년째 근무 중이었다. 회사는 1공장과 2공장을 두고 있었고, 두 공장은 220킬로미터 떨어져 있었다. 입사 이후 민규 씨는 줄곧 1공장에서 일했다. 공장 인근에 거주하며 가정을 꾸렸고, 자녀도 그 지역 학교에 다녔다. 민규 씨는 새로 부임한 공장장과 평소 사이가 좋지 않앞다. 신임 공장장은 묵묵히 지시를 따르는 직원들을 선호했지만, 민규 씨는 공장장의 판단이나 지시에 문제가 있다고 생각하면 주저하지 않고 바로 의견을 표현하는 사람이었다. 공장장은 그런 태도를 '토를 단다'고 여겼고, 회의 때마다 분위기가 싸해지는 일이 잦았다. 그러나 민규 씨의 말이나 행동에 예의에 어긋나는 점은 없었다.

시간이 흐를수록 갈등은 깊어졌다. 공장장은 "나를 무시하려고 일부러 유니폼을 그렇게 입는 거냐?", "비용이 많이 드는 걸 알면서 왜 자꾸 떠드느냐?", "한 번 더 그러면 엄중히 경고하겠다" 등과 같은 발언을 자주 했다. 그의 질책이 잦아질수록 민규 씨의 일상은 점차 위축되어 갔다. 사소한 실수에도 "왜 집중을 안 하느냐?"라며 과하게 몰아세우는 일도 반복됐다.

그러던 어느 날, 동료로부터 "○○월 ○○일자로 2공장 발령이 날 것 같다"는 말을 들었다. 220킬로미터 떨어진 2공장으로의 발령은 곧 '나가라'는 압박이었다. 소식을 들은 직후 회의에 참석한 민규 씨는 식은땀이 나고 손이 떨리며 구토 증세가 나타나 결국 화장실로 뛰쳐나갔다. 그 후의 기억은 없었다. 복도로 나가던 중 의식을 잃고 쓰러졌으며, 구급차로 이송돼 각종 검사를 받았으나 특별한 이상은 발견되지 않았다. 정신과 협진 결과 '적응장애' 진단을 받았다.

업무상질병판정서에는 다음과 같은 내용이 적혀 있었다. "새로 부임한 ○○○과 신청인의 업무 성향이 맞지 않아 평소 사이가 좋지 않았던 것은 사실이나, ㅇㅇㅇ이 부임한 이후 신청인의 업무량이 객관적으로 증가한 점, ㅇㅇㅇ이 신청인을 '업무부적격자'로 지칭하며 왕복 220킬로미터 거리의 2공장으로의 발령 등 인사상 불이익을 경고하며 압박한 점, 또한 동료로부터 특정 일자에 발령 소문을 들은 점 등을 고려할 때, 업무 수행 과정에서 받은 스트레스로 상병이 유발되었거나 자연적 경과 이상으로 악화되었다고 인정할 수 있다." 이에 따라 민규 씨의 질병은 업무상 재해로 인정되었다.

명수 씨와 민규 씨의 사례는 직장 내 괴롭힘이 개인의 성격 충돌이나 일시적 오해로 환원될 수 없는 구조적 문제임을 보여준다. 괴롭힘은 조직 내 위계와 인사권의 불균형에서 비롯되며, 사용자의 권한이 통제되지 않을 때 언제든 폭력으로 변질된다. 업무상 지시나 평가, 전보와 같은 인사 행위는 그 자체로 정당한 권한일 수 있으나, 그것이 특정 노동자를 배제하거나 굴복시키는 수단이 될 때 괴롭힘의 형태를 띤다. 결국 괴롭힘은 제도의 결함이 아니라, 권력을 운용하는 방식의 문제다. 두 사례는 '일터에서의 존엄'이 여전히 제도와 문화의 경계에 놓여 있음을 말해준다.

5.   노동조합 혐오가 만든
         스토킹 사건

산업재해보상보험법은 원칙적으로 근로기준법상 노동자에게 적용된다. 그러나 현재의 노동시장에는 사용자와 직접 근로계약을 체결하지 않았지만, 업무 수행 과정에서 사용자의 지휘·감독을 받거나 시설과 장비를 이용하며 보수를 받는 다양한 직종이 존재한다. 이는 근로기준법상 노동자에 해당하지 않으면서도, 완전한 도급이나 업무위탁 형태도 아닌 경우를 의미한다. 이와 관련해 오래전부터 '특수형태 종사자' 또는 '특수고용 노동자(특고)'의 산업재해보상보험법 적용 여부가 쟁점이 되어 왔다.

현재는 산업재해보상보험법 제91조의15에서 '노무 제공자'에 해당하면 당연히 산업재해보상보험법을 적용받도록 규정하고 있다. '노무 제공자'란 자신이 아닌 다른 사람의 사업을 위해, 사업주로부터 직접 노무 제공을 요청받는 경우나, 사업주로부터 일하는 사람의 노무 제공을 중개·알선하기 위한 전자적 정보처리시스템(온라인 플랫폼)을 통해 노무 제공을 요청받는 경우를 말한다.

'노무 제공자' 직종으로는 보험설계사, 관광통역 안내사, 방문 강사, 골프장 캐디, 택배기사, 퀵서비스 기사, 대출 모집인, 신용카드회원 모집인, 대리운전 기사, 방문판매원, 대여 제품 방문 점검원, 가전제품 배송·설치 기사, 화물차주, 어린이 통학버스 기사, 소프트웨어 기술자, 방과후(학교) 강사, 유치원·어린이집 정기과정 강사(특성화 강사 등), 새마을금고·신협 공제 모집인 등이 구체적으로 명시되어 있다. 또한 온라인 플랫폼을 이용하는 배달앱 종사자 등 플랫폼 종사자도 포함된다. 근로기준법상 노동자 범주에 해당하지 않지만, 노동시장의 다각화로 인해 이러한 형태의 '노무 제공자' 직종은 앞으로 점점 더 증가할 것으로 보인다.

보험설계사의 노동조합

수현 씨의 직업은 보험상품 판매를 주된 업무로 삼는 보험설계사다. 산업재해보상보험법에서는 그를 '노무 제공자'로 구분한다. 근로기준법상 '노동자'에 해당하지는 않지만, 노조법상 '노동자'에 해당한다는 점에는 이견이 없다. 노조법에서 '노동자'는 '직업의 종류를 불문하고 임금·급료 기타 이에 준하는 수입에 의해 생활하는 자'로 광범위하게 규정되어 있으며, 헌법상 노동 3권을 보장한다.

그렇다고 해서 보험설계사가 노동조합 조합원 자격을 쉽게 인정받은 것은 아니다. 노조법상 '노동자'로 인정받기 위해 투쟁과 소송 등 오랜 기간의 노력이 필요했다. 헌법상 '단결권'은 노동자들이 모여 노동조합을 설립할 수 있는 권리를 말하며, '단체교섭권'은 사용자를 대상으로 노동조건, 노동조합 활동 보장, 노동자의 경제적·사회적·정치적 지위 향상 등 주요 사안을 협의하고 합의하여 단체협약을 체결할 권리다. '단체행동권'은 단체협약 체결을 위해 노동자들이 집단행동으로 사용자의 정상적인 업무 운영을 저해할 수 있는 권리를 의미한다.

2021년 1월, W 보험회사에 보험설계사로 구성된 노동조합이 설립되었다. 노동조합을 설립하면 회사를 상대로 단체교섭을 요구하는 것은 자연스러운 순서다. 보험설계사 노동조합은 W사를 상대로 수년간 단체교섭을 진행하고 있지만, 여전히 주요 쟁점에서 진전을 이루지 못하고 있다. W사는 보험설계사 노동조합 설립 이후 자회사를 만들어 보험설계사들의 소속을 변경했다. 이는 노동조합 활동에 적극 대응하겠다는 의지를 내비친 것으로, 이곳에서 노동조합 활동이 녹록지 않음을 보여준다.

수현 씨는 8년 전부터 보험설계사로 일했다. X 지점에서 근무하다 2년 후 팀장으로 승진했는데, 이는 업무 능력을 인정받은 결과였다. 그러나 X 지점장과 업무 관련 마찰이 발생한 지 한 달 후 팀장직이 박탈됐다. 노동조합에 가입한 지 한 달 만이기도 했다. 수현 씨는 팀장직 박탈과 노동조합 가입이 무관하지 않다고 생각했다. 그로부터 4개월 후 수현 씨의 소속은 Y 지점으로 변경되었고, 다시 팀장을 맡았다. 이곳은 새로 개설된 지점으로, 지역에서 자리 잡기 위해 수현 씨와 같은 팀장의 역할이 중요했다.

보험사기와 미행

수현 씨가 Y 지점으로 소속이 변경된 지 6개월 정도 지난 7월 중순의 일이다. 수현 씨는 고객을 만난 후 식사와 약간의 음주를 했다. 다른 고객과 미팅이 예정되어 있어 약속 장소까지 대리운전을 이용했다. 오후 10시쯤 도착한 수현 씨는 건물 앞에 차량을 주차했는데, 고객과 상담하던 중 차량 이동을 요청하는 전화가 걸려 왔다. 음주 상태라 어렵다고 했지만, 연락한 사람은 완강하게 즉시 이동을 요구했다. 이면도로까지의 짧은 거리는 문제없을 것으로 생각한 수현 씨는 직접 운전했다. 어쩔 수 없는 사정이라고 주장할 수는 있으나, 음주 운전을 한 것은 명백한 사실이다.

잠시 후, 누군가 비접촉 교통사고를 당했다며 수현 씨에게 연락해 왔다. 동시에 경찰에 음주 운전도 신고했다고 알렸다. 신원 미상의 이 남성은 수현 씨가 이면도로에 주차할 때 어두운 길에서 갑자기 차가 튀어나와 피하던 중 다리를 다쳤다고 주장했다. 상황이 잘 이해되지 않았지만, 음주 운전을 한 것은 사실이므로 수현 씨는 신고자에 대해 보험사에 사고 접수를 마쳤다. 그런데 얼마 후, 보험사에서 "보험사기가 의심된다"라는 연락이 왔다. 경찰 역시 보험사기가 의심된다는 수사 결과를 알려 왔다. 조사 결과, 익명의 신고자는 수현 씨를 지속적으로 미행하고 스토킹한 것으로 보였다. 수현 씨는 자신이 스토킹을 당하고 있다는 사실을 전혀 눈치채지 못했고, 스토킹을 당할 이유도 없다고 생각했다. 믿을 수 없는 상황은 공포 그 자체였다.

경찰이 확인한 사고 장소 주변 CCTV에는 4명의 남성이 수현 씨를 쫓는 모습이 찍혀 있었다. 모두 모르는 사람이었다. 경찰 조사에서 이들은 "누군가 미행해 달라고 부탁했다"라고 진술했다. 곧 스토킹범들이 이용한 차량 중 한 대의 소유주가 확인됐는데 다름 아닌 Y 지점장이었다. 범인 중 한 명이 지점장과 가까운 사이였고, 나머지는 그의 후배들이었다. 비접촉 교통사고를 신고했던 이가 지점장과 문자메시지를 주고받은 사실도 수사 과정에서 확인됐다. 일면식 없는 사람들이 자신을 스토킹했다는 사실에 혼란스러워하던 수현 씨는 그들이 이미 3주 전부터 지점장의 사주를 받아 자신의 뒤를 쫓고 있었다는 사실에 큰 충격을 받았다. 사건 당일 지점장이 수현 씨에게 자주 연락했고, 업무 관련 이야기뿐 아니라 "지금 어디에 있냐?"라고 반복해 질문했던 사실도 뒤늦게 떠올랐다.

수현 씨는 며칠 전 Y 지점장과 업무 실적 문제로 마찰을 빚은 바 있다. 지점장은 실적과 관련해 문제를 제기했고, 수현 씨도 의견을 굽히지 않고 맞섰다. 추정컨대, 수현 씨의 노동조합 활동을 혐오하던 지점장이 업무에서 꼬투리를 잡지 못하자 사적으로 흠잡을 근거를 찾기 위해 스토킹을 사주한 것으로 보인다. 음주 운전 사고와 연관된 직원 스토킹 사건에 지점장이 연루되었다는 의혹이 언론에 보도되었지만, 지점장은 범행을 부인했다. 수현 씨와 보험설계사 노동조합은 지점장의 상식 밖 행동의 주된 원인으로 노동조합에 대한 혐오를 지적하고 있다.

수현 씨는 작년 8월, 팀장직을 박탈당하기 전 노동조합에 가입했다. X 지점 지점장과 업무상 마찰 후 팀장직을 일방적으로 박탈당한 부당함을 알리기 위해, 그는 노동조합과 함께 본사 앞에서 피켓시위를 진행했다. X 지점장은 시위 자체를 싫어했고, 자신을 상대로 부당함을 제기한 사실도 용납하지 못했다. 이 과정에서 그는 수현 씨와 조합원들을 명예훼손 고소까지 했다. X 지점장과 Y 지점장은 수현 씨에 대한 '집중 관리'의 필요성을 공감했다.

수현 씨 소속이 Y 지점으로 변경된 지 얼마 후 지점 개소식이 열렸고, 수현 씨는 지점장의 동의를 얻어 친하게 지내는 보험설계사들을 초대했다. 이들은 노동조합 조합원들이었고, 개소식 행사에서 응원의 메시지를 담은 동영상을 재생하려 했다. 노조 조끼를 입고 유인물을 배포하기도 했다. '성실 교섭 촉구'가 적힌 유인물을 본 Y 지점장은 불쾌감을 드러냈고, 수현 씨와 지점장이 이 문제로 언쟁하며 지점장이 행사장을 박차고 나가는 일이 있었다. 이후 두 사람의 관계는 적대적으로 변했다. 팀원 인사와 관련해서도 둘은 의견이 충돌했고, 지점장은 물론 해당 팀원과의 관계마저 악화되었다.

스토킹 범죄 수사 결과, 스토킹범들이 수현 씨의 약점을 잡으려 했다는 점이 확인되었고, 최종적으로 약점을 잡고자 한 주체가 Y 지점장이라는 결론에 도달했다. 그는 현재 스토킹 범죄로 검찰에 송치된 상태다. 미행과 스토킹의 구체적 사유는 아직 밝혀지지 않았지만, 수현 씨와 노동조합은 지점장이 노동조합에 대한 혐오로 인해 범죄를 저질렀다고 추정하고 있다. W사 측은 자체 조사에서 Y 지점장이 수현 씨를 직접 감시하거나 미행한 사실이 없고, 지인들이 수현 씨를 미행한 사실도 몰랐다고 보고하며 모든 의혹을 부인하고 있다.

관계에서 비롯된 업무 관련성

수현 씨는 극심한 스트레스로 정신과 치료를 받기 시작했다. 그는 "최근 안 좋은 일을 겪었다. 경찰 조사 중이고, 모르는 사람이 나를 미행했다. 회사 관계자가 연관되어 있을지 모른다", "사람을 만나야 하는 직업인데 사람 만나는 것이 무섭다", "어딜 가든 누군가 쫓아오는 것 같고, 혼자 있으면 문을 여러 번 확인하게 된다"라는 등 스토킹으로 인한 업무상 스트레스를 호소했다.

수현 씨는 '적응장애' 진단을 받았고, 근로복지공단에 요양을 신청했다. W사는 Y 지점장이 직접 범죄를 저지른 주체가 아니며, 지인들에게 스토킹을 사주한 것도 명확하지 않다는 이유로, 스토킹 사건과 적응장애 사이의 상당인과관계가 인정되지 않는다고 주장했다. 설사 지점장이 스토킹 교사 혐의로 유죄 판결을 받더라도, 이는 특정 개인의 일탈에 불과하여 업무상 스트레스 요인은 존재하지 않는다고도 주장했다. 그리고 지점장 또한 '노무 제공자'에 해당하기 때문에, 직장 내 괴롭힘과 관련된 업무상 재해로 볼 수 없다고 했다.

W사와 지점장이 업무 관련성을 부인하더라도, 수현 씨가 W사 소속 보험설계사로 근무하고 있었다는 사실은 명백하다. 근로복지공단은 이 사건을 W사의 보험 상품 판매를 위한 Y 지점장과 보험설계사 수현 씨, 그리고 노동조합과의 조직적 관계에서 발생한 업무상 스트레스로 판단했다. 수현 씨의 정신적 이상 상태 발현과 악화는 업무와 스토킹 범죄와 상당한 관련이 있다고 인정되었다. 실제로, 수현 씨가 W사 소속이 아니었다면 스토킹 사건은 발생하지 않았을 것이다. 결론적으로, 이 사

건은 수현 씨와 W사, Y 지점, 보험설계사, 노동조합 등 조직적 관계에서 비롯된 것이다.

업무상질병판정서에서는 다음과 같이 판단했다. "신청인은 보험설계사로 근무하며 소속 지점장의 스토킹 사주로 상병이 발생했다고 주장했다. 재판 결과와 관계없이, 사건 이전의 업무 관련성을 검토하면 다음과 같은 사실이 확인된다. 이전 노조 가입으로 사측과 갈등이 있었음, 팀 분할 문제로 지점장과 갈등 관계가 있었음, 동료 보험설계사들이 SNS 대화방에 신청인에 대한 사적인 내용을 게시하여 명예훼손으로 벌금형을 받은 사건이 있었음, 팀 분할에 따른 예상되는 업무상 불이익과 명예훼손 사건 등. 이를 종합하면, 통상적인 갈등을 넘어서는 감정적 괴로움이 있었고, 이러한 업무상 갈등상태에서 지점장 소유 차량이 관련된 사건으로 인해 정신적 충격을 받았을 것으로 판단된다." 그리고 스토킹 사주 여부와 관계없이, "신청인이 느꼈을 불안과 일상생활의 어려움은 업무상 갈등에서 촉발된 것으로 보고, 신청인의 상병 '적응장애'는 업무와 상당인과관계가 있다"며 참석 위원 모두의 일치된 의견으로 업무상 재해를 인정했다.

6. 편견과 차별,
일터의 상처

노동관계법은 차별 금지에 관한 사항을 여러 조문에서 명시하고 있다. 근로기준법은 성(性)을 이유로 한 차별적 대우를 금지하며, 국적·신앙·사회적 신분을 이유로 노동조건에서의 차별적 처우를 금지하고 있다. 노동조합법 역시 인종, 종교, 성별, 연령, 신체적 조건, 고용 형태, 정당 또는 신분을 이유로 한 어떠한 차별도 허용하지 않는다.

남녀고용평등법은 사업주가 노동자에게 성별, 혼인 여부, 가족 내 지위, 임신 또는 출산 등을 이유로 합리적인 사유 없이 채용이나 노동조건에서 불리한 대우를 하지 못하도록 규정하고 있다. 다만, 직무의 성격상 특정 성별이 불가피하게 요구되는 경우나, 여성 노동자의 임신·출산·수유 등 모성보호를 위한 조치는 예외로 인정된다. 또한 이 법은 모집과 채용, 임금

(동일가치노동에 대한 동일임금), 임금 외 금품, 교육, 배치 및 승진, 정년, 퇴직, 해고 등에서의 남녀 차별을 금지한다. 고령자고용법, 기간제법, 파견법 등에서도 합리적 이유 없는 차별적 처우를 금지하고 있다.

'차이'는 서로 다름을 인정하고 존중하는 것을 뜻하지만, '차별'은 등급이나 수준을 두어 우대하거나 배제하고 불리하게 대우하는 것을 말한다. 일터에서의 차별적 처우는 곧 직장 내 괴롭힘으로 이어질 수 있다. 노동관계법이 규정한 차별 금지 원칙을 지키는 것만으로도 차별 없는 일터, 괴롭힘 없는 일터를 만드는 첫걸음이 될 것이다.

혐오 발언

산체스와 베로니카가 일하는 곳은 외국인 투자를 받은 기업으로, 임원과 노동자 중 외국 국적자가 적지 않았다. 두 사람의 상급자 Z는 지속해서 인종차별적 발언과 폭언을 일삼았고, 전혀 바뀔 기미를 보이지 않았다. 그의 말은 주로 산체스와 베로니카를 비롯한 외국 국적 노동자들을 겨냥한 혐오 발언이었고, 그 정도가 참기 어려울 정도로 심했다. 회사 내에는 한국 국적 노동자가 더 많았지만, 이들조차 Z의 발언을 듣는 것이 불쾌할 정도였다. 결국 산체스 등 외국 국적 노동자들은 Z의 차별과 혐오 발언에 대해 회사에 고충을 신고했다. 그러나 회사는 이를 대수롭지 않게 여겼다. 피해자와 일부 참고인 조사는 했지만, 별다른 조치가 이루어지지 않았고 가해자 조사는 전혀 없었다.

노동조합과 산체스는 대응 방안을 논의한 끝에 노동부에 진정을 제기하기로 했다. 노동부가 인정한 Z의 차별과 혐오 행위는 다음과 같다. Z는 산체스 등 외국 국적의 노동자들을 평소 조롱하고 멸시했다. 점심시간에 누구나 들을 정도의 큰 소리로 "짱깨나 먹으러 갈까"라고 말하곤 했다. 이는 특정 국가 노동자를 겨냥한 명백한 차별 발언이었다. 또한 국적을 불문하고 "열라뽕따이", "똠얌꿍", "옹박" 등의 단어를 써 가며 비하를 서슴지 않았다. 베로니카 등 여성 노동자에게는 "ㅇㅇㅇ의 날씬한 스타일과 달리 뚱뚱하다"라는 등 외모와 체형을 조롱하는 말도 반복했다. 다수의 외국 국적 노동자가 근무하는 사업장에서 상급자의 이러한 행위에 아무런 조치가 없다는 점은 더욱 납득하기 어려웠다.

외국 국적 노동자들이 문제 제기에 소극적이었던 데에는 이유가 있었다. 업무 평가나 배치 등 지휘·감독 과정에서 불이익을 받을까 두려워했기 때문이다. 그러나 산체스와 베로니카 등이 용기를 냈고 부당한 처우를 경험했던 다른 피해자들도 입을 열기 시작했다. 상급자의 인종차별적 행위에 관한 사례와 증거가 모이자, 노동부는 구체적 사실관계를 토대로 적극적인 판단을 내릴 수밖에 없었다.

노동부는 "'짱깨'라는 표현은 인종차별적 언행으로, 업무상 필요성이 없고 사회 통념상 적정 범위를 벗어났다. 직접 피해자에게 한 말이 아니더라도, 다른 직원을 통해 전달되었을 경우 정신적 고통을 느꼈을 것으로 보여 직장 내 괴롭힘에 해당한다"라고 판단했다. 또한 "여러 사람이 있는 자리에서 외모를 비하하는 발언을 한 것은 정신적 고통을 유발할 수 있으며, 업무상 필요성이 없고 사회 통념상 허용 범위를 넘었다"라며 직장 내 괴롭힘으로 인정했다. 노동부는 가해자에 대한 징계 등 적정한 조처를 하라고 시정 지시를 내렸다. 그나마 다행인 점은 산체스와 베로니카 등 피해 노동자들이 정신질병으로 이어지지 않았다는 것이다. 다만 정신적 고통을 호소하며 치료받고 상병 진단을 받았다면, 그 원인이 가해자의 직장 내 괴롭힘이라는 업무 관련성이 상당히 높았을 것이다.

　인권 감수성이 높아질수록 차별과 혐오의 표현은 줄어들고 있지만, 여전히 사회 곳곳에 남아 있다. 특히 일터에서 상급자가 권한을 내세워 차별과 혐오 발언을 일삼는 행위는 명백히 단죄되어야 한다. 사용자가 이를 방관하거나 묵인하는 것은 곧 공범임을 인정하는 것이며, 인사권이라는 명목으로 괴롭힘을 덮어서는 안 된다.

노동자 풍

'노동자 풍.' 2010년 경찰청이 강도 사건 용의자를 공개 수배하면서 현상수배 전단에 버젓이 적어 넣은 문구다. 용의자의 인상착의를 설명하며 "신장 180센티미터가량의 '노동자 풍' 마른 체형 남성"이라고 했다. 100만 원의 포상금이 걸렸다. 전단에는 허름한 점퍼를 입은 남성의 사진이 붙어 있었다. 여기서 말하는 '노동자 풍'은 무엇을 뜻했을까. 사회적으로 논란이 되었고, 민주노총은 경찰청에 항의 공문을 보냈다. 경찰청은 "국민께 우려를 끼쳐 유감이며 곧바로 시정하겠다"라고 회신했다. 이 표현에는 한국 사회가 노동과 노동자를 바라보는 부정적 인식과 편견이 그대로 배어 있었다.

흥미로운 것은, 당시 양복 차림의 범죄자에 대해서는 '사업가 풍', '회사원 풍'이라 적던 관행이다. 회사원도 노동자인데 '노동자 풍'은 곧 초라하고 위험한 인물처럼 여겨졌다. 앞뒤가 맞지 않는 언어이자, 2010년 경찰청의 인권 감수성을 그대로 드러내는 대목이었다. 그로부터 15년이 지난 지금, 2025년의 한국 사회가 말하는 '노동자 풍'은 과연 어떤 모습일까. 이제는 그 말이 더 이상 편견의 언어가 아니길, 정말로 달라졌기를 바란다.

국가인권위원회법은 '인권'을 대한민국 헌법과 법률이 보장하거나, 대한민국이 가입·비준한 국제인권조약 및 국제관

습법이 인정하는 인간의 존엄과 가치, 자유와 권리로 정의한다. 또한 '평등권 침해의 차별행위'란 합리적인 이유 없이 성별, 종교, 장애, 나이, 사회적 신분, 출신 지역(출생지, 등록기준지, 성장기 주요 거주지 등), 출신 국가, 출신 민족, 용모 등 신체조건, 혼인 여부(기혼·미혼·이혼·사별·재혼·사실혼 등), 임신또는 출산, 가족 형태나 상황, 인종, 피부색, 사상 또는 정치적의견, 실효된 전과, 성적 지향, 학력, 병력 등을 이유로 한 차별을 말하며, 이를 금지하고 있다. 노동관계법 역시 곳곳에서차별 금지를 명시하고 있다. 그럼에도 노동과 노동자에 대한폄하는 시대를 달리해도 계속 반복되고 있다.

2016년에 이런 보도[*]가 있었다. 임금체불에 항의하기 위해 아파트 건설 현장에 모인 건설노동자들이 한 입간판을 보고말을 잇지 못했다. 그 입간판에는 이렇게 적혀 있었다. "공사관계자 여러분! 작업장에서의 안전 수칙을 지킵시다. 일단 사고가 나면 당신의 부인 옆에 다른 남자가 자고 있고, 그놈이 아이들을 두드려 패며 당신의 사고 보상금을 써 없애는 꼴을 보게 될 것입니다. 안전 준수는 당신 자신을 위한 것입니다."

'안전제일'을 내세운 이 문구는 사고 책임을 노동자 개인에게 떠넘기며, 동시에 비하와 혐오, 차별, 모욕, 성희롱이 뒤섞

---

[*] "현대건설 "사고 나면 옆에 다른 남자 잔다" 여성비하 간판 걸어", 민중언론참세상, 2016.12.23.

인 저급한 인식을 그대로 드러냈다. 문제는 이런 문구가 오랫동안 사라지지 않았다는 점이다. 2021년 3월에도 "사고 나면 당신 부인 옆에 다른 남자가 누워 있고, 당신의 보상금을 쓰고 있을 것입니다"라는 문구가 또 다른 건설사 현장 현수막에 등장해 비판받았다. 해당 건설사는 "인터넷에서 떠도는 문구를 사용했을 뿐이며, 문제가 될 줄 몰랐다"라고 해명했다. 그러나 이는 특정 기업의 문제가 아니라 산업 전반의 인식 부재를 보여주는 사례였다.

이런 현실을 떠올리면 지금도 어딘가에서 비슷한 문구가 걸려 있을지도 모른다는 우려가 앞선다. 문득 동요 '어른이 되면'의 한 구절이 떠오른다. "내가 커서 어른이 되면 어떻게 될까. 아빠처럼 넥타이 매고 있을까, 엄마처럼 행주치마 입고 있을까." 이 노래의 가사는 우리 사회에 뿌리 깊은 성 역할 고정관념을 반영하고 있었다. 지금은 사라진 동요이길 바란다.

과연 2025년의 한국 사회가 말하는 '안전제일'은 어떤 의미일까. 더 이상 차별과 편견이 담긴 언어가 아닌, 진정으로 사람의 생명과 존엄을 지키는 말이 되어야 한다.

이주노동자의 자살

15년 전의 일이다. 한 남성이 사무실을 찾아와 식당에서 일하다 뇌출혈로 사망한 부인의 사건을 상담했다. 부인은 이주노동자였다. 당시 업무상 재해 인정기준에는 '업무 수행 중 뇌출혈이 발생하였을 때 특별한 반증이 없는 한 업무상 질병으로 본다'라는 문구가 있었다. 고인은 사망 전 연휴 기간 동안 업무량이 급증했고, 영업시간 중 뇌출혈로 쓰러져 숨졌다. 노무사의 조력이 없어도 업무상 재해로 인정받을 가능성이 높은 사건이었다. 사망진단서를 첨부해 유족급여를 신청하는 절차를 안내하자, 70대 남성은 사건을 맡아달라고 거듭 요청했다. 처음부터 어딘가 석연치 않았다. "장례는 어디서 치르셨나요?"라고 묻자 그는 대답하지 못했다. 나이 차가 거의 20년에 달했기에 위장 혼인을 의심했는데, 결국 사실이었다. 입국 직후부터 따로 살았고, 장례식장에도 가지 않았다고 했다. 더는 논의할 필요가 없었다. 사건을 맡을 수 없다고 단호히 말해 돌려보냈다.

그 이후로 이주노동자의 자살 사건을 직접 맡은 적은 없었다. 다만 언론 보도에서 관련 사례를 종종 접했다. 2022년 8월, 경기도의 한 회사 기숙사에서 이주노동자가 스스로 목숨을 끊은 사건이 있었다. 한국에 온 지 4년 9개월, 비전문취업 비자(E-9) 만료를 한 달 앞둔 시기였다. 사장은 재입국 특례 고용을 약속했지만, 돌연 취소했다. 임금도 두 달가량 밀려 있었다. 비자가 만료되면 출국해야 하고, 다시 재입국하기란 쉽지 않다. 이런 상황에서 발생한 자살은 업무상 스트레스와 무관하다고 보긴 어렵다.

물론 자살 사건은 여러 사정을 종합적으로 검토해 업무 관련성을 판단해야 한다. 그러나 이주노동자의 경우 '이주노동자'라는 신분 자체가 제도적 제약으로 작용한다. 체류 자격, 언어장벽, 법적 보호의 한계 등으로 인해 업무상 재해로 접근하는 일이 유난히 어렵다.

2024년 서울대학교 산학협력단 연구[*]에 따르면, 2023년 기준 한국에서 일하는 이주노동자는 미등록 노동자 42만 3,675명을 포함해 총 144만 3,558명에 이른다. 연구에서 분석한 '이주노동자의 자살' 통계는 충격적이다. "2022년 기준 한국인 사망자는 37만 명이며, 이 중 자살자는 1만 2천 명으로 전체의 3.4%를 차지한다. 같은 해 이주노동자의 전체 사망 중 자살 비율은 최소 4.1%로, 한국인보다 자살률이 더 높다. 사망자 수는 3,340명, 그중 자살자는 138~173명으로 추정된다.

이주노동자의 자살은 출입국·외국인정책본부 자료, 무연고사·변사 신고, 각국 대사관의 집계 자료를 종합해 파악됐다. 출입국·외국인정책본부 자료로는 자살자가 31명, 자살 변사자는 138명, 무연고 사망자는 4명으로, 여기에 각국 대사관이 집계한 수치를 포함하면 실제 자살자는 이보다 더 많을 것으로 보인다. 연구는 '이주노동자의 자살'에 주목해야 하는 이유를 다음과 같이 밝혔다. "자살은 전 세계 인구 중 대부분의

----

[*] 김승섭 외, 「이주노동자 사망에 대한 원인 분석 및 지원 체계 구축을 위한 연구」, 국가인권위원회, 2024.10.

취약계층에 영향을 미치는 보건적 문제일(WHO, 2014) 뿐만 아니라 자살률이 높은 한국 사회에서 일하고 생활하는 취약계층 중 하나인 이주노동자 집단의 자살이 증가하고 있기 때문이다. 한 명이 자살로 사망할 때, 더 많은 수의 사람들이 자살 시도를 하므로(WHO, 2014) 더 많은 이주노동자들의 자살 예방이 필요하다.”

연구 보고서는 ‘이주노동자의 사망에 관한 사회적 원인’을 여덟 가지로 분류했다. 첫째, 위험한 근무환경이다. 위험한 작업을 거부할 수 없고, 동료가 사망한 현장에서조차 일을 계속해야 하는 노동 현실이 지적됐다. 둘째, 폭력적 근무환경이다. 사업주의 폭언과 폭행, 사회적 위력 앞에서 저항하지 못하는 이주노동자의 처지가 포함된다. 셋째, 강도 높은 장시간 노동이다. 과도한 근무시간, 불규칙한 교대근무, 빈번한 야간노동이 주요 요인으로 꼽혔다. 넷째, 임금체불이다. 낮은 임금과 체불 문제, 그리고 이를 해결하기 어렵게 만드는 제도적 제약이 포함된다. 다섯째, 열악한 주거환경이다. 비닐하우스, 컨테이너, 무허가 건물 등에서 생활하며 발생하는 안전·위생 문제로 인한 사망 사례가 보고됐다. 여섯째, 제한된 의료 접근성이다. 건강검진 기회의 박탈, 과도한 의료비 부담, 민간 지원의 한계 등이 포함된다. 일곱째, 노동기회의 박탈이다. 경기침체와 노동시간 단축, 갑작스러운 실업으로 인한 생계 곤란과 노숙 문제가 지적됐다. 여덟째, 산업안전보건제도에서의 배제다.

산업안전보건교육과 제도의 사각지대, 미등록 이주노동자의 안전권 보장 문제 등이 여기에 해당한다.

보고서는 자살로 이어지는 과정에 여러 복합적 요인이 작용하기 때문에, 이 모든 원인을 단순히 업무상 스트레스 요인으로 단정하기는 어렵다고 밝혔다. 그러나 이 요인들이 노동과정과 직접적으로 연결되어 있다는 점은 부인할 수 없다고 지적했다. 특히 미등록 이주노동자의 사망에 대해서는 그 구조적 취약성이 더 뚜렷하게 드러난다고 했다. 더 열악해진 작업환경(더 위험한 노동환경, 일감 확보 과정의 위험), 더 은폐되는 산업재해(사업주나 본인의 지위 때문에 보고되지 않는 재해), 더 악화되는 건강(건강보험 미가입, 치료 지연, 단속 회피 중 악화된 질병), 더 폭력적인 단속(불법체류 단속 강화, 단속 과정의 인권침해)이 주요 요인으로 분석됐다.

결국 미등록 이주노동자 사망의 사회적 원인을 요약하자면, 이주노동자가 처한 현실에 '더'라는 부사를 덧붙이면 된다. 이주노동자의 사망 원인으로 지적된 구조적 문제들을 해결하려는 노력이 이루어진다면, 이들의 사망과 자살률 또한 줄어들 가능성이 높다.

막을 수 있었다

수십 명의 빌런과 싸운 듯한 기분이다. 과거 상처로 얼룩진 사건들을 다시 접하면서 나 자신도 수많은 생채기를 얻었다. 트라우마가 재경험될 위험성을 몸으로 체감했다. 직장 내 괴롭힘 사건은 깔끔하게 해소될 때까지 모든 조치가 필요하다는 것을 다시 확인했다. 피해 노동자의 감정에 깊은 골이 생기지 않도록 갈등을 완화하고 업무상 스트레스 요인을 제거하는 과정이 그만큼 중요하다. 직장 내 괴롭힘은 경험의 의미와 전혀 어울리지 않는다. 따라서 직접 겪지 않는 것이 가장 중요하다.

일하는 사람이 행복한 일터라는 가치는 소중하지만, 이를 현실에서 구현하는 것은 쉽지 않다. 어쩌면 실현 불가능한 이상일 수도 있다. 그저 노동자의 존엄성이 침해되지 않도록 순간마다 노력하는 반복된 과정이 필요하다. 사람마다 행복의 기준은 다르다. 일터에서 모든 노동자의 다양한 행복 요건을 충족시키는 것은 사실상 허상이다. 그러나 일터에서 인간의 존엄성을 훼손하지 않고 일할 수 있도록 서로 배려하고 존중하는 문화를 구축하는 노력은 멈춰서는 안 된다. 서툴더라도 좌충우돌하며 나아가는 과정에서 노동인권 실현에 조금씩 가까워질 수 있다. 노동자는 존중받아야 하는 존재라는 점은 명백하다.

웹툰 '송곳'에서 주인공이 한 말이 인상적이다. "서는 데가 바뀌면 풍경도 달라지는 거야." 같은 사물이라도 보는 위치와 각도에 따라 달라 보이듯, 일터에서도 노동자와 사용자의 위치에 따라 상황에 대한 인식과 대응은 다르게 나타난다. 사용자는 막강한 권한을 가진 지위에 있지만, 그 권한을 무소불위로 행사하는 것이 아니라 노동자의 인권과 노동안전보건을 중심으로 살피고 책임을 다해야 한다. 또한 모든 구성원의 노동인권 감수성을 높일 의무가 있다.

인권 감수성 향상을 말할 때 흔히 강조되는 것이 '역지사지易地思之'다. 처지를 바꿔 생각해 보는 것은 타인의 자유, 평등, 다양성을 인정하는 태도를 의미한다. 이러한 과정이 쌓이면 일터를 보는 시각이 넓어지고, 타인의 권리를 보호하는 제도와 관행에 공감할 수 있다. 완벽하게 세심하게 살피지 못하더라도, 타인의 처지에 귀 기울이는 노력이 필요하다. 노동자들 서로가 '일터에서 누군가 속상하면 나도 속상하다'라는 마음을 가지는 것이 중요하다. 끊임없는 성찰과 실천을 반복하면, 언젠

가는 일터에 의미 있는 변화가 나타날 것이다.

　직장 내 괴롭힘은 피해자에게 눈칫밥을 먹게 하는 경험과 같다. 피해자들의 목소리는 하나같이 비슷하다. "내가 문제인가?"라는 자책, "도대체 왜 나에게"라는 억울함, "어땠을까?"라는 후회, "살고 싶다"라는 안간힘, "거부할 수 없다"라는 무력감, 좌천·원격지 발령·승진 탈락 등 부당한 인사권 남용, 성희롱·성추행·폭행, 업무 부진자라는 낙인, 악성 민원으로 곪아 터진 일상 등 피해자는 온갖 고통을 겪는다. 참으며 견디다 결국 터져버리는 과정은 신체적·정신적·정서적 고통으로 이어진다. 불안, 초조, 두려움, 공포, 긴장, 감정 기복, 안절부절, 판단력 저하, 고립감, 우울, 배신감, 상실감, 분노 등 다양한 이상 상태가 나타난다. 피해자의 고립감이 깊어지고 자존감이 바닥으로 떨어지면 돌이킬 수 없는 결과와 마주하게 된다. 업무상 스트레스로 인해 스스로 목숨을 끊는 선택을 했더라도, 그들은 마지막 순간까지 진심으로 살고 싶어 했다. 이들이 남긴 죽음의 단서와 구조 신호를 우리는 무시해서는 안 된다. 피해자의 목소리를 들어주고, 사람에 대한 따뜻한 시선으로 보듬어줄 소통의 창구는 반드시 필요하다.

　가해자들의 언어는 권위적이고 잔인하다. "색출하겠다"라는 위협, "어디 감히", "안 돼, 토 달지 마"라는 압박과 권위, "시키는 대로 해"라는 강요, "여기서 일하는 주제"라는 멸시, "보내버린다"라는 보복적 인사 조치, 욕설과 폭언, 국적·성별·사회적 신분에 따른 차별과 혐오, 일거수일투족을 감시·통제하는 억압, "너의 잘못이야"라는 책임 전가와 회피, 무시와 비난, 성희롱·성추행·폭행 등 직접적인 폭력, 권한 남용 등 노동자의 인격권을 침해하는 말과 행동이 가득하다.

가해자들은 상황을 일시적으로 모면하고 덮기에 바쁘며, 자숙이나 반성의 태도는 전혀 보이지 않는다. 이런 가해자를 방치하거나 조치를 취하지 않는 사용자는 방관자인 동시에 공범이다. 우리는 국가의 최고 통치자와 하수인들이 한순간에 민주주의 역사를 무너뜨린 모습을 목격했다. 일터에서 직장 내 괴롭힘 가해자에 대한 단죄가 없다면 사용자는 뻔뻔한 가해자와 다를 바 없다. 직장 내 괴롭힘의 발생 상황과 조치 방식을 살펴보면, 사업장 내 왜곡된 권력관계를 확인할 수 있다. 직장 내 괴롭힘은 단순한 관계갈등을 넘어 조직 전체의 구조적 문제에서 비롯되기 때문이다.

사용자는 노동자에 대한 상호 존중과 배려의 중요성을 강조하는 경영방침을 먼저 선언해야 한다. 안타깝게도 노동조합이 있는 사업장에서도 직장 내 괴롭힘은 발생한다. 그러나 노동조합이 있는 경우 사건 조사, 피해자의 치유와 복귀, 가해자 조치가 더욱 적극적으로 이루어지는 경향이 있다. 나아가 노동조합이 있는 사업장은 직장 내 괴롭힘 예방과 방지에 더욱 집중해야 한다. 노동자의 일상을 살피고, 노동존중 조직문화로 변화시키는 활동이 노동조합의 핵심 역할이기 때문이다.

모든 문제를 완벽히 해결하기 어렵더라도, 피해를 주장하는 노동자의 목소리를 들어주는 것이 우선이다. 직장 내 괴롭힘이 발생했다면 2차, 3차 피해가 생기지 않도록, 혹은 유사 사건이 재발하지 않도록 주의를 기울여야 한다. 예방과 방지는 노동자 자살과 정신질병을 막을 수 있는 가장 적극적이고 실질적인 방법이다.

일하는 사람이 행복한 일터를 늘 꿈꾼다. 수많은 사건을 겪으며, 일하다 아프지 않고, 다치지 않고, 죽지 않는 것이 얼마나 소중한지 깨달았다. 일하는 사람이 아프거나 다치거나 죽지 않도록 작업공정을 바꾸고 조직 관계를 살펴야 한다. 산업안전보건법에 명시된 '쾌적한 작업환경'을 만들기 위해 노력해야 한다. 기분 좋고 상쾌한 일터를 상상해 보자. 무거운 발걸음을 옮기는 곳이 아니라, '쾌적하다'라는 단어가 떠오르는 일터라면 행복한 일터에 한 걸음 더 가까워질 수 있다.

코로나19는 '아프면 쉴 권리'에 대한 사회적 인식을 확산하는 계기가 되었다. 2020년 3월 20일 질병관리본부는 감염병 확산 방지를 위해 "몸이 아픈 분들이 이를 참고 출근하는 것은 더 이상 미덕이 아닙니다. 몸이 안 좋을 경우, 나와 주변 모두를 위해 집에서 3~4일 휴식을 취하는 것이 미덕입니다"라고 발표했다. 유급으로 쉴 수 있는 노동자와 무급으로도 쉬기 어려운 노동자가 나뉘었던 상황이었지만, '아프면 쉬어야 한다'라는 메시지는 파장을 일으켰다. 최근 사회 전반에서도 정신건강 장애 예방의 필요성에 공감하는 분위기가 확산하고 있다.

그러나 여기서 멈춰서는 안 된다. 노동자의 정신건강 보호는 더욱 강조되어야 하며, 국가의 책임과 역할이 중요하다. 노동자의 고용 형태가 다양해지고 노동시장이 급변함에 따라, 일터에서 상호 존중과 상호 배려의 조직문화를 만드는 노력은 더욱 속도를 내야 한다. 작업환경을 치밀히 관찰하고, 노동자의 관점에서 바꿔야 한다. 쉽게 드러나지 않는 업무상 스트레스 요인을 찾아내고, 실치잡이 그물을 짜듯 조직 내 신뢰를 촘촘히 엮는 것이 중요하다. 그리고 일터에서 상호 존중과 상호 배려의 문화가 뿌리내리도록 구조적 문제에 집중해야 한다. 선언적일 수 있는 '노동인권 실현'이라는 문구는 '인간에 대한 예의를 갖추는 것'으로 정리할 수 있다. 일하는 사람에 대한 상호 존중과 배려를 실천하는 것이 바로 노동인권 실현을 일상에서 구현하는 길이다.

집필을 마치며, 벼르고 벼르던 날카롭고 예리한 칼을 샀다. 그리고 몇 시간 동안 아무 생각 없이 오이와 당근 등 채소를 썰었다. 온 힘을 다해 집중했다. 몇 달 동안 복기해 온 사건들, 그 뼈저린 순간들과 마주쳤던 장면들을 칼로 끊어내고 싶었던 것 같다.

노동자 자살이나 정신질병 사건을 맡으면서 언제부턴가 목각을 시작했다. 밝고 귀여운 그림을 새기기도 하고, 명패나 사무실 현판을 파기도 했다. 날카로운 조각도에 손을 베일 때도 있었지만, 집중하는 순간만큼은 정신이 맑아지는 느낌이 들었다. "자살에 이를 정도의 스트레스 수준이란 과연 어떤 것일까?"를 고민하는 매 순간, "도대체 왜 자살했을까?"라는 의문이 함께 따라붙었기 때문이다. 나무판을 파고, 깎고, 사포질하면서 누군가의 생애를 되짚는 일은, 심적으로 버거운 순간을 잠시나마 벗어나려는 나만의 방식이었던 것 같다. 아직도 납득되는 자살 사건은 하나도 없다. 다만 업무상 스트레스가 극에 달해 자살 사고로 이어지는 시점을 유심히 살펴볼 뿐이다. 그 과정을 통해 개인의 취약성 때문이 아니라, 명백히 업무상 재해였음을 밝혀내는 지난한 싸움을 조금이나마 견뎌낼 수 있었다.

지난 20년간 수많은 노동자의 죽음과 고통을 지켜봤다. 사건마다 분명히 업무상 스트레스를 차단할 수 있는 순간이 있었지만, 결국은 비극으로 이어졌다. 더는 일터 괴롭힘 때문에 죽음으로 퇴근하는 노동자가 없길 바란다. 그들은 멈출 수 있었고, 우리는 막을 수 있었다. 그들의 죽음이 남긴 울림을 우리는 반드시 기억해야 한다.

일터 괴롭힘, 부서진 자리

2025년 12월 24일 초판 1쇄 발행

지은이	유상철
편집	최인희
디자인	이경란
인쇄	도담프린팅
종이	페이퍼프라이스

펴낸곳	나름북스
펴낸이	조정민
등록	2010.3.16. 제2014-000024호
주소	서울시 마포구 월드컵북로5길 54-5
전화	(02)6083-8395
팩스	(02)2179-9683
이메일	narumbooks@gmail.com
홈페이지	www.narumbooks.com
페이스북	www.facebook.com/narumbooks7
인스타그램	@narumbooks

ISBN 979-11-86036-92-1 03330

책값은 뒤표지에 있습니다.